Christoph Peter Baumann

Der Knigge der Weltreligionen

W0234074

HERDER spektrum

Band 7115

Das Buch

Was tue ich, wenn ich meine muslimischen Nachbarn zum Essen einladen möchte? Wie begegne ich den Angehörigen auf einer nichtchristlichen Beerdigung? Was muss ich beim Betreten einer Synagoge beachten? Immer häufiger treffen wir nicht nur als Touristen und im Ausland, sondern in unserem Alltag mit Angehörigen anderer Religionsgemeinschaften zusammen. Doch wie verhalte ich mich dabei richtig? Dieses Buch informiert fundiert über Umgangsformen im Miteinander mit Angehörigen anderer Religionsgemeinschaften. Dabei kommen Tradition und Alltagskultur, Wertvorstellungen und Tabus der einzelnen Glaubensgemeinschaften zur Sprache. Es werden aber vor allem praktische und konkrete Verhaltensregeln gegeben, die Vorurteile und Unsicherheiten abbauen helfen und das Zusammenleben erleichtern.

Der Autor

Christoph Peter Baumann, geb. 1947, lebt in der Schweiz und ist Religionswissenschaftler, Religionslehrer, Indologe und Dipl. Erwachsenenbildner. Er ist Gründer und Leiter der Informations- und Beratungsstelle *Inforel*, Information Religion, die zu Fragen der Religionen und der Begegnung der Religionen berät. Christoph Peter Baumann hat zahlreiche Bücher verfasst.

Christoph Peter Baumann

Der Knigge der Weltreligionen

Feste, Brauchtum und richtiges Verhalten
auf einen Blick

FREIBURG · BASEL · WIEN

© Verlag Kreuz im Verlag Herder GmbH, Freiburg im Breisgau 2005
ISBN 978-3-78-31-2529-0

© Verlag Herder GmbH, Freiburg im Breisgau 2011
Alle Rechte vorbehalten
www.herder.de

Idee, Gestaltung und Realisierung:
© Agentur initiale, Sandhatten

Umschlagkonzeption:
R·M·E Eschlbeck Agentur
Umschlaggestaltung: Verlag Herder GmbH
Umschlagmotiv: © Superbild

Herstellung: fgb · freiburger graphische betriebe
www.fgb.de

Gedruckt auf umweltfreundlichem, chlorfrei gebleichtem Papier
Printed in Germany

ISBN 978-3-451-07115-7

Inhalt

Allgemeiner Teil

Warum einen Knigge der Weltreligionen?   12

Jeder Mensch ist betroffen   14
Der Wandel der Umgangsformen   15
Den anderen ernst nehmen   15
Religion oder Kultur?   17
Wer passt sich wem an?   18
Gast und Gastgeber   19
    Einladung oder Nötigung?   19
    Gastrecht und Gastpflicht   20
    Wie soll ich mich bei Besuchen verhalten?   20
    Zu Besuch in einer Familie   21
Nähe und Distanz   21
Frau und Mann   22
Besuch eines Gotteshauses   24
    Kleidung   25
    Rauchen   26
    Handy   26
    Alkohol   27
    Kaugummi kauen   27
    Räumlichkeiten betreten   27
    Kultgegenstände berühren   28
    Fotografieren ohne Erlaubnis   28
    Zärtlichkeiten   29
    Lachen   29
    Während der Kulthandlungen unnötig herumgehen   29
    Während einer Kulthandlung reden oder schlafen   30
    Bei Gerüchen Abscheu zeigen   30
Teilnahme an Ritualen   31
Ein Wort zur Pünktlichkeit   31
Ein Wort zum Essen   32
Ein freudiges Ereignis   33
Trauer   34
    Anmerkungen   35

Christentum

Der christliche Glaube   36

Christliche Kirchen und Gemeinschaften   37

Christliche Werte und Normen   40

Die Zehn Gebote   41
   1. Du sollst keine andern Götter neben mir haben   42
   2. Du sollst dir kein Gottesbild machen   43
   3. Du sollst den Namen des Herrn, deines Gottes, nicht missbrauchen   44
   4. Gedenke des Sabbattages, dass du ihn heilig haltest   44
   5. Ehre deinen Vater und deine Mutter   46
   6. Du sollst nicht töten   46
   7. Du sollst nicht ehebrechen   47
   8. Du sollst nicht stehlen   47
   9. Du sollst nicht falsches Zeugnis reden wider deinen Nächsten   48
   10. Du sollst nicht begehren deines Nächsten Hab und Gut   48
Die Bergpredigt   48
Das Buch der Sprüche   49

Christliche Umgangsformen   49

Toleranz   50
Nähe und Distanz   51
Die Rolle von Frau und Mann   53
Der christliche Kleiderknigge   54
Zu Besuch in einer Familie   56
Die Kirche: Heiliger Ort oder nur Versammlungsraum?   57
In der Kirche   58
   Katholische und orthodoxe Kirchen   59
Die Kirche und ihre Besucher   61
Im Gottesdienst   62
Abendmahl und Messe   65
   Die heilige Messe in der katholischen Kirche   65

    Das Abendmahl in der evangelischen Kirche 66
    Sollen wir am Abendmahl teilnehmen oder nicht? 68
    Zur Frage der Interkommunion 69
Taufe 69
Erstkommunion und Firmung in der katholischen Kirche 71
Konfirmation in der evangelischen Kirche 72
Hochzeit 73
Tod und Bestattung 73
Zum Abschluss 76
    Anmerkungen 77

Judentum

Der jüdische Glaube   79

Jüdische Gemeinden   80

    Konservative Gemeinden   80
    Orthodoxe Gemeinden   81
    Liberale Gemeinden   81

Jüdische Werte und Normen   82

    Die Mitzwot: Gebote und Verbote   82
    Israel   83
    Die Beschneidung   84
    Der Sabbat: Eine Insel in der Zeit   84
    Kaschrut: Rein und unrein   86
        Das Essen 86
        Die Menstruation 87

Jüdische Umgangsformen   88

    Toleranz   88
    Nähe und Distanz   89
    Mann und Frau   90
    Kleidung und Äußeres   90
    Zu Besuch in einer Familie   92

Gemeinsames Essen 93
Die Synagoge: Heiliger Ort oder nur Versammlungsraum? 94
In der Synagoge 95
Gottesdienst 96
Der Gottesdienst am Sabbat 97
Feste im Jahreslauf 98
Feiern im Lebenslauf 99
Tod und Bestattung 100
Zum Abschluss 102
Anmerkungen 103

Islam
Der islamische Glaube 106

Islam, Judentum und Christentum 106
Die Sunna 108
Die täglichen fünf Gebete 108

Islamische Gemeinschaften 109

Sunniten und Schiiten 109
Ahmadiyya 110
Aleviten 110
Verschiedene Kulturen 111

Islamische Werte und Normen 112

Grundlagen 112
Der Koran 112
Rein und unrein – halal und haram 113
Äußerliche Reinheit 113
Was der Mensch zu sich nimmt 114
Wissen und Wissensvermittlung 115
Die Familie 116

Islamische Umgangsformen 116

Toleranz 117
Nähe und Distanz 118
Begrüßung 119
Mann und Frau 119
Gastfreundschaft, Gastrecht, Gastpflicht! 121
Muslime zu Besuch bei Nichtmuslimen 121
Die Moschee: Heiliger Ort oder nur Versammlungsraum? 122
Feiern und Feste im Jahres- und Lebenslauf 125
    Der Fastenmonat Ramadan 125
    Die Wallfahrt nach Mekka und das Opferfest 126
    Geburt eines Kindes 126
    Beschneidung der Knaben 126
    Hochzeit 127
Tod und Bestattung 129
Zum Abschluss 130
    Anmerkungen 130

Buddhismus

Buddhistische Gemeinschaften 132

Verschiedene Kulturen 133

Buddhistische Werte und Normen 135

Grundlagen 135
Buddha 136
Dhamma, die Lehre 137
Sangha, die Mönchsgemeinde 137
Familie 138

Buddhistische Umgangsformen 138

Toleranz 139
Unterschiede zwischen Mönchen und Laien 139
Nähe und Distanz 139
Die Begegnung von Mann und Frau 141
    Mönch und Frau 141

Mann und Frau 141
Kleidung 142
Buddhistische Symbole 143
Zu Besuch in einer Familie 143
Die buddhistischen Versammlungsräume: Tempel,
    Pagode, Wat 144
Im Tempel 145
Rituale 146
Feste im Jahreslauf 146
    Hochzeit 148
    Hausweihe 148
    Das Kind 149
Tod und Bestattung 149
Gaben bringen 150
Zum Abschluss 151
    Anmerkungen 151

Hinduismus

Tamilische Migration 153
Tamilischer Hinduismus 154

Hinduistische Werte und Normen 155

Achtung anderer Religionen 155
Kasten 156
Solidarität zwischen den Tamilen 157
Rein und unrein 157
    Die Menstruation 158
Wissen und Wissensvermittlung 158

Hinduistische Umgangsformen 159

Tirukkural – ein Hinduknigge 159
Nähe und Distanz 160
Mann und Frau 161
    Ehebruch 162
Kleidung und Äußeres 162

Zu Besuch in einer Familie   163
Im Tempel   164
    Wir betreten den Tempel   164
    Wie verhalten wir uns im Tempel?   165
Gottesdienst – die Puja   166
    Wie sollen sich Besuchende verhalten?   169
Gruppenbesuche   170
Feste im Lebens- und Jahreslauf   171
Besondere Feiern im Lebenslauf   172
    Pubertätsfest   172
    Hochzeit   172
Tod und Bestattung   174
Zum Abschluss   175
    Anmerkungen   175

Danksagung   176

Literaturverzeichnis   178

Stichwortverzeichnis   185

Allgemeiner Teil

Warum einen Knigge der Weltreligionen?

Knigge? Da geht es doch darum, welches Besteck man wofür benutzen soll und wie man das Glas richtig zum Mund führt. Obwohl bei einem Blick in manches Benimm-dich-Buch tatsächlich dieser Eindruck entstehen könnte, ist er falsch. Adolph Freiherr Knigge gab seinem Buch – eben dem »Ur-Knigge« – den bezeichnenden Titel »Ueber den Umgang mit Menschen«. Es ging Adolf Freiherr Knigge also um das Umgehen der Menschen miteinander. Der Begriff »Knigge« wurde in Unkenntnis des vor über 200 Jahren geschriebenen Werkes in den letzten Jahrzehnten zu etwas Überholtem, nicht selten auch zu etwas Belächeltem. Sicher können wir die von Knigge empfohlenen Umgangsformen nicht so ohne weiteres in die heutige Zeit übertragen, aber der Urgedanke ist der gleiche geblieben. Es geht um den respektvollen Umgang mit unseren Mitmenschen. Inge Wolff schreibt in ihrem Buch »Umgangsformen heute«: »Das gesamte ›gute Benehmen‹, was auch immer Sie sich im Augenblick unter diesem Gummibegriff vorstellen mögen, ist von jedem Menschen anwendbar, der Wert darauf legt, unser kompliziertes Zusammenleben zu erleichtern.«[1]
Heute ebenso wie zu den Zeiten Adolf Freiherr Knigges gilt das im Besonderen für das schwierige und sensible Thema des Zusammenlebens der Religionsgemeinschaften.
Noch in meiner Jugendzeit, etwa zur Zeit des beginnenden deutschen Wirtschaftswunders, waren sie im täglichen Leben noch feste Größen. Entsprechend waren die Kirchen an Sonn- und Feiertagen gefüllt. Das hat sich in den letzten Jahrzehnten grundlegend geändert. Vor allem die in Mitteleuropa zunehmende Säkularisierung, also die Loslösung von der Kirche im privaten und öffentlichen Bereich, hat hierzu beigetragen. Aber auch die Zuwanderung von Menschen aus anderen Kulturen mit uns fremd anmutenden Religionen und die modernen Möglichkeiten des Reisens fordern und fördern den Kontakt und die Auseinandersetzung mit anderen Religionen.

Da kann es leicht geschehen, dass wir Regeln übertreten, wie es mir immer wieder passierte. So zum Beispiel, als ich das erste Mal Kontakt mit den mir damals noch unbekannten Sikh aus Indien hatte. Bei meinem ersten Besuch ihres Gurdwara in Amsterdam bemerkte ich zwar glücklicherweise die aufgestellten Schuhe vor dem Eingang. So betrat ich den Gottesdienstraum barfuß. Doch anstelle eines Grußes wurde ich mit einem rüden Wortschwall empfangen. Einer der Männer deutete erst auf meinen, dann auf seinen Kopf. Einen Turban sollte ich tragen? Ein anderer Sikh gab mir dann ein Tuch, mit dem ich meinen Kopf bedecken konnte. Im Verlauf meines nächsten Besuches machte ich noch viele »Fehler«: So unterließ ich es – diesmal zwar mit bedecktem Kopf – vor dem heiligen Buch eine Verbeugung zu machen, begrüßte mit dem indischen Gruß »Namaste!« (»Verehrung sei dir!«), was für Sikh ein Sakrileg ist, weil nur Gott Verehrung gebührt, streckte meine Beine gegen das heilige Buch und setzte mich dann mit dem Rücken zu ihm. Wahrscheinlich übertrat ich noch einige andere Regeln. Da ich seit kurzer Zeit Nichtraucher war, blieb ich vor einem für Sikh sehr schlimmen Fauxpas verschont, nämlich mit Rauchutensilien oder verrauchter Kleidung den geheiligten Raum zu betreten und ihn dadurch aus Sicht der Sikh fast zu entweihen.

»Andere Länder, andere Sitten.« Diese Aussage möchte ich zu »Andere Religionen, andere Sitten« erweitern. Wichtig ist mir jedoch, dass es hier nicht darum geht, im Umgang mit Menschen anderer Religionszugehörigkeit alles »richtig« zu machen. Das ist nahezu unmöglich, da es zu viele Regeln gibt, die für die einen Anstand zeigt, für die anderen hingegen ein Verstoß gegen ihre Regeln darstellen. Die folgenden Seiten sollen aber dabei helfen, diese Regeln besser zu verstehen. Natürlich kann es auch nicht darum gehen, dass wir bei jeder Begegnung mit Fremden zuerst überlegen müssen, wie wir uns verhalten sollen, damit wir die uns fremden Regeln nicht verletzen. Aber wir sollten in der Lage sein, auf die religiösen Gefühle anderer Menschen und auch die der eigenen Kirche Rücksicht zu nehmen. Jede Religion hat ihre Werte und Normen, die sich direkt oder indirekt auf das Verhalten auswirken und damit den Knigge, das heißt den jeweils religions- oder konfessionsbezogenen Verhaltenskodex bestimmen. Im Folgenden soll zunächst eine religionsübergreifende Übersicht über die Themen gegeben werden, die grundlegend für alle Glaubensgemeinschaften sind. Diese werden dann in den Kapiteln zu

den einzelnen Religionen nach einer Einführung in die Glaubenslehre und die Darstellung der Werte und Normen vertieft.

Jeder Mensch ist betroffen

Jeder Mensch muss sich zwangsläufig mehr oder weniger häufig mit
dem Thema Religion beschäftigen. Auch heute noch lassen viele
Menschen ihre Kinder taufen. Ob sie dies aus Überzeugung tun oder
allein, um einer Konvention zu entsprechen, ist dabei unerheblich.
Weitere Gelegenheiten sind kirchliche Hochzeiten und Bestattungen,
und auch diejenigen, die diese Rituale nicht selbst ausüben, nehmen
hieran teil, weil sie von Verwandten oder Bekannten dazu eingeladen
werden. Im Urlaub besuchen wir gerne schöne alte und neue Kirchen. Diese Begegnungen finden in einem relativ vertrauten Rahmen
statt, da wir alle mehr oder weniger christlich geprägt sind. Deshalb
sollten gewisse Umgangsformen vorausgesetzt werden können. Küster (Schweiz: Sigristen), Pfarrerinnen und Pfarrer sehen dieses allerdings eher kritisch. Dadurch, dass kirchliches Leben immer weniger
selbstverständlich ist, nimmt in gleichem Maß auch die Kenntnis der
Benimmregeln für unsere eigene Religion ab.

 Im deutschen Sprachraum bekennen sich fast 65 Millionen Menschen
zum Christentum, über drei Millionen zum Islam, etwa 200.000 zum
Judentum, je über 100.000 zum Hinduismus und Buddhismus und
zahlreiche weitere zu den vielen kleineren Religionen.

Ungesucht kommt es zu vielen Begegnungen mit Angehörigen anderer Religionen. So zum Beispiel am Arbeitsplatz, im Wohnhaus
oder in der eigenen Familie durch Mischehen. So werden wir damit
konfrontiert, dass ein Kollege bei der Betriebsfeier nicht mit Wein
anstoßen will. Die liebe Nachbarin isst vom sorgfältig zubereiteten
Abendessen nur Salat. Der jüdische Kollege isst gar nichts. Von den
tamilischen Nachbarn werden wir zum Pubertätsfest ihrer Tochter
eingeladen. Sollen wir der Einladung Folge leisten?
Da in den Medien zurzeit viele Berichte über den Islam zu finden
sind, wollen wir uns ein eigenes Bild machen. Ein »Tag der offenen
Tür« ist dafür eine ideale Gelegenheit. Oder die Synagoge im gleichen Stadtteil interessiert uns schon lange, ebenso das buddhistische
Zentrum.

Dürfen wir als Andersgläubige einen Tempel, eine Moschee, eine Synagoge oder auch eine orthodoxe Kirche besuchen? Wie müssen wir uns in einem fremden Gotteshaus verhalten, um nicht anzuecken? Fragen über Fragen, die im Nachfolgenden beantwortet werden sollen.

Der Wandel der Umgangsformen

Alles ist in Bewegung, so auch der Umgang der Menschen miteinander. Was vor einigen Jahren noch absolut undenkbar war, ist heute normal. Dass junge Menschen meist einen viel lockereren Umgang haben, müssen die älteren Generationen seit eh und je zur Kenntnis nehmen. Jeans, Turnschuhe oder oft auch exotisch anmutende Kleidung gehören genauso dazu wie die Tatsache, dass alle untereinander meist per Du sind und Begrüßungen auf ein »Hey« oder »Hallo« reduziert werden. Trotzdem gibt es Umgangsformen, die auch im 21. Jahrhundert zeitgemäß sind. Diese gelten auch oder ganz besonders im Bereich der Kirchen und Religionen. Dadurch, dass immer mehr Menschen aus immer ferneren Ländern zu uns stoßen, wird es noch komplizierter, weil deren Kulturen oft einen anderen Verhaltenskodex haben.

Den anderen ernst nehmen

»Man respektiere das, was andern ehrwürdig ist!«[2]
Diesen Satz schrieb Adolph Freiherr Knigge. Und weiter: Auch »Andächtler und Frömmler« haben Anspruch auf unsere Achtung.[3] Wer über den Glauben eines anderen Menschen lacht, zeigt damit, dass ihm das Minimum an Anstand fehlt, das nötig ist, um friedlich miteinander leben zu können. Es verlangt niemand, dass wir andere Glaubensansichten übernehmen oder auf die gleiche Weise leben. Aber mit Achtung begegnen können wir allen Menschen, seien sie nun Muslime, Hindus, Katholiken oder gar »Sektierer«. Dass die Glaubens- und Gewissensfreiheit in der »Allgemeinen Erklärung der Menschenrechte« steht, ist kein Zufall.

 Andersgläubigen sollten wir mit Respekt begegnen. Selbstverständlich gilt dies auch gegenüber Angehörigen der eigenen Glaubensgemeinschaft.

Wenn wir einer uns fremden Religion oder Konfession begegnen, gibt es einige grundlegende Regeln, an die wir uns halten sollten. Die erste und wichtigste ist die Zurückhaltung mit Kritik. Jesus warnte davor, aus des Bruders Auge den Splitter herausziehen zu wollen und dabei den Balken im eigenen Auge zu übersehen.[4]

Mit Kritik zurückhaltend zu sein ist nicht nur eine Höflichkeit, sondern manchmal auch eine Klugheit, da uns als Außenstehenden oft die genaue Kenntnis des anderen Glaubens fehlt.

Das Umgekehrte, nennen wir es einmal das »Überloben«, ist ebenfalls nicht ratsam. Leicht neigt man dazu, die andere Religion kritiklos als die beste aller Religionen zu bezeichnen. Auch hier fehlt meist die genaue Kenntnis. Wenn dann auch noch die eigene Kirche als minderwertig dargestellt wird, wirkt dies plump anbiedernd. Unsere Gesprächspartnerin, unser Gesprächspartner möchte ernst genommen werden, wie wir uns dies umgekehrt auch wünschen. Deshalb ist der Mittelweg in diesem Fall sicher nicht mittelmäßig, sondern zweckmäßig, zudem höflich, und er zeigt unsere Ernsthaftigkeit und unsere Haltung.
Ungut ist es auch, wenn wir einen einzelnen Vertreter einer Religionsgemeinschaft so betrachten und behandeln, als sei er die Religion selbst. Eine Protestantin ist nicht »die« Evangelische Kirche, ein Muslim nicht »der« Islam, eine Buddhistin nicht »der« Buddhismus. Geben wir den Menschen die Gelegenheit, sie selbst zu sein.
Wir dürfen und sollten das Interesse für die Religion unseres Gegenübers zeigen, aber es gibt auch durchaus andere Gesprächsthemen. Wir sollten jedoch nicht den Fehler machen, einen Angehörigen einer Religionsgemeinschaft auf seine Religionszugehörigkeit zu reduzieren. Es besteht sonst die Gefahr, dass er nicht mehr als Mensch wahrgenommen wird und sich instrumentalisiert fühlt. Eine Ausnahme ist es natürlich, wenn es sich um eine mehr oder weniger offizielle Einladung in ein Kultgebäude handelt und wir mit einer Informationsperson sprechen oder wenn wir zum Zweck der Information gekommen sind.
Mission, also die Verkündigung der eigenen Glaubenslehre, hat bei einer Begegnung absolut nichts verloren! Wenn wir als Besuchende missionieren, missbrauchen wir unser Gastrecht, als Gastgeber unsere Gastpflicht – beides verletzt elementare Höflichkeitsregeln. Einer

freundlichen Einladung zu folgen, einen Gottesdienst oder ein religiöses Fest zu besuchen, kann die Offenheit und Bereitschaft zeigen, die eigene kultische Handlung mit Außenstehenden zu teilen.

Einer ernst gemeinten Einladung Folge zu leisten ist ein Zeichen von Respekt, zeigt aber auch das Interesse der Besuchenden. Eine Einladung auszuschlagen erfordert Fingerspitzengefühl, ist aber manchmal nötig, sei es, weil wir anderweitig verpflichtet sind oder weil wir uns angesichts des Besuches unfrei fühlen. Dann ist es sicher besser, auf einen Besuch zu verzichten oder ihn zu verschieben.

Religion oder Kultur?

Ist unser Verhalten ein Ausdruck unserer Religion oder unserer Kultur? Die Frage ist nicht mit Ja oder Nein zu beantworten. Religion und Kultur beeinflussen sich gegenseitig. Ein Beispiel: Als ich in Pakistan war, hatte ich Kontakt mit Muslimen und mit Katholiken. Dass ich einer muslimischen Frau nicht die Hand zum Gruß reichen durfte, wusste ich. Die meisten katholischen Frauen in Pakistan reichten mir aber auch nicht die Hand. Auf der indischen Seite des Punjabs begrüßten mich im Gegensatz zu den Männern auch Hindu- und Sikhfrauen nicht mit Handschlag. Ist dieses Verhalten nun von der Religion oder von der Kultur bestimmt? Oft ist es unmöglich, das zu trennen.

Wichtiger als diese Frage ist, wie die betroffenen Menschen das selbst betrachten. Eine Muslimin wird in ihrem Verhalten islamische Gründe annehmen, eine Christin hingegen christliche.

Die Sitten und Gebräuche sind auch von Ort und Zeit abhängig. So besuchten wir beispielsweise vor etwa fünfzehn Jahren in einem kleinen Dorf im italienischsprachigen Tessin den katholischen Gottesdienst und sahen, dass praktisch alle Frauen unabhängig von ihrem Alter ein Kopftuch trugen. Die Touristinnen ohne Kopftücher wurden zwar stillschweigend geduldet, bekamen aber durch die Blicke der Einheimischen zu spüren, dass sie »unanständig« gekleidet waren. Dass die Frauen auf der einen, die Männer auf der anderen Seite saßen, sei nur der Vollständigkeit halber erwähnt.

Zwischen ländlichen Gebieten verschiedenster Länder bestehen auffällig oft – unabhängig von den Religionen – Gemeinsamkeiten. Das als Rückständigkeit zu bezeichnen, wäre nicht der richtige Weg.

Auch hier gilt es, die stärkere Traditionsverbundenheit in ländlichen Gegenden zu berücksichtigen und zu respektieren.

Wer passt sich wem an?

Vor allem im Zusammenhang mit dem Islam kommen oft große Emotionen auf. Das kleine Stück Stoff, das viele Musliminnen tragen, um den Kopf zu bedecken und zum Teil auch, um sich nach außen hin zum Islam zu bekennen, sorgt für heiße Diskussionen, Schlagzeilen und sogar Gerichtsurteile. Sollen sich die Muslime uns anpassen oder sollen wir uns den Muslimen anpassen? Die Europäische Menschenrechtskonvention bestimmt in Artikel 9:

Gedanken-, Gewissens- und Religionsfreiheit:

(1) Jede Person hat das Recht auf Gedanken-, Gewissens- und Religionsfreiheit; dieses Recht umfasst die Freiheit, seine Religion oder Weltanschauung zu wechseln, und die Freiheit, seine Religion oder Weltanschauung einzeln oder gemeinsam mit anderen öffentlich oder privat durch Gottesdienst, Unterricht oder Praktizieren von Bräuchen und Riten zu bekennen.

(2) Die Freiheit, seine Religion oder Weltanschauung zu bekennen, darf nur Einschränkungen unterworfen werden, die gesetzlich vorgesehen und in einer demokratischen Gesellschaft notwendig sind für die öffentliche Sicherheit, zum Schutz der öffentlichen Ordnung, Gesundheit oder Moral oder zum Schutz der Rechte und Freiheiten anderer.

Für jede Religion und alle Menschen gelten die gleichen Grundrechte und die gleichen zivilen Gesetze, unabhängig von der Religionszugehörigkeit, die jeder frei wählen und leben darf. Allerdings hat niemand das Recht, seine freie Religionsausübung, wie es in Absatz 2 der Europäischen Menschenrechtskonvention steht, einseitig – ohne Wahrung der Rechte anderer – zu praktizieren.

Nehmen wir ein extremes Beispiel, das hoffentlich aus der Luft gegriffen ist: Die Religion XY bringt jedes Jahr an einem bestimmten Tag ein Menschenopfer dar und beruft sich dabei auf den oben zitierten Artikel 9. Mit Recht wird das Menschenopfer verboten. Um es anders auszudrücken: Die Freiheit hat dort ihre Grenzen, wo sie die Freiheit anderer einschränkt.

Wenn jeder auch das gleiche Recht genießt, so gilt doch für die Frage des Anpassens, dass sich der »unterordnet«, der Gast ist. Wer bei uns zu Besuch in einem Gottesdienstraum oder zu Hause ist, sollte sich uns in einem gewissen Rahmen anpassen. Wenn wir in einer fremden Kirche, in einer Synagoge oder Moschee, einem Tempel oder bei einer Familie zu Gast sind, passen wir uns in gleichem Maß an. Das heißt, grundsätzlich orientieren wir uns bezüglich unseres Verhaltens an den Gepflogenheiten des Gastgebers. Vor dem Besuch eines fremden Gottesdienstraumes sollte sich jedoch jeder, besonders wenn er oder sie gläubig ist, einer »Gewissensprüfung« unterziehen: Wie viel können wir mitmachen, ohne den eigenen Glauben zu verleugnen? Ein evangelischer Pfarrer schrieb zu dieser Frage: »Ist das Verbeugen vor einem ›heiligen Buch‹ und anderes (z.B. das Betreten der Moschee soll ohne Schuhe erfolgen) nicht ein ›religiöses Verhalten‹ und deshalb aus jüdisch-christlicher Sicht ›Götzendienst‹? Wenn ich also die Schuhe vor dem Betreten der Moschee ausziehe, so erweise ich letztlich gar nicht einem muslimischen Mitmenschen Respekt, sondern vollziehe ein religiöses Ritual, erweise Allah Ehrerbietung – und demnach praktiziere ich dann (aus jüdisch-christlicher Sicht) Götzenverehrung. Fazit für mich: Ich kann keine Moschee betreten …«[5]

Es ist in einem solchen Fall sicher besser, auf einen Besuch zu verzichten, als entweder Regeln der Gastgeber zu verletzen oder aber sich der Gefahr auszusetzen, den eigenen Glauben zu verleugnen.

Gast und Gastgeber

Einladung oder Nötigung?

Menschen, von denen wir wissen oder mindestens annehmen können, dass sie religiös sind und einer uns unvertrauten Religionsgemeinschaft angehören, verunsichern uns. Wie sollen wir ihnen begegnen? Welche Anstandsregeln haben für sie Gültigkeit? Solange die Begegnungen im vertrauten Umfeld von Arbeitsplatz oder öffentlichem Raum stattfinden, machen wir uns kaum Gedanken. Wenn wir aber eingeladen werden oder selbst einladen, werden wir unsicher. Das ist normal.

Wann ist aber eine Einladung eine Einladung und wann eine Nötigung? Diese Frage ist nicht immer leicht zu beantworten.

Gastrecht und Gastpflicht

Wenn wir bei einer türkisch-muslimischen Familie ohne Voranmeldung einen Besuch machen, und sei es nur, um etwas auszurichten oder abzugeben, werden wir sehr oft zu einem Tee eingeladen. So erlebte ich es auch auf dem Land bei christlichen Familien in der Schweiz, wo das bis vor wenigen Jahren beinahe allgemein üblich war. Meine Schwiegermutter, eine Bäuerin, hätte es als unhöflich empfunden, jemanden vor der Tür stehen und ohne eine Erfrischung ziehen zu lassen. Als »Stadtmensch« war mir dieses unbekannt. Auch hier sehen wir die Verwandtschaft der Verhaltensregeln der ländlichen Bevölkerung verschiedener Kulturen.

Für uns bedeutet eine solche Einladung Gastfreundschaft, für die Einladenden hingegen Gastpflicht, die sie den Gästen gegenüber aufbringen.

Wie soll ich mich bei Besuchen verhalten?

Im Bereich der Sitten und Verhaltensregeln gibt es wenige allgemein verbindliche Regeln, obwohl wir ständig Menschen begegnen, die dem Sprichwort gemäß »päpstlicher als der Papst« auftreten und genau wissen, was »man« tun oder nicht tun darf oder muss. Auch hier gilt: Im Zweifel lieber einmal zuviel als einmal zu wenig fragen! Wenn Sie nicht sicher sind, fragen Sie: »Ich bin neu hier, wie soll ich mich verhalten?«

Es ist leichter, gute Ratschläge zu geben, als sich selbst daran zu halten. So bin ich schon in einige Fettnäpfe getreten, weil ich mich über meinen eigenen Ratschlag hinweggesetzt und nicht gefragt habe. Wenn ich vorher gefragt hätte, wären mir manche peinlichen Momente erspart geblieben. Machen Sie es besser als ich! Nachfolgend sollen hierzu einige Grundsätze aufgezeigt werden. Die Feinheiten dazu folgen im jeweiligen Kapitel zu den einzelnen Religionen.

Zu Besuch in einer Familie

»*My home is my castle*«.
Dieser Satz mag zwar veraltet anmuten, ist aber doch noch aktuell. Obwohl es heute kaum mehr einer offiziellen Einladung bedarf, um jemanden in seiner Wohnung zu besuchen, ist das doch ein relativ intimer Ort. Solange die Besuchenden und die Besuchten dem westlich-christlichen Kulturkreis angehören, spielt die Konfessionszugehörigkeit keine große Rolle. Wenn aber Herkunft oder Religion verschieden sind, braucht es mehr, bis ein Besuch zu Stande kommt.
Ich kannte einen türkischen Muslim von vielen Besuchen in seiner Moschee. Als er mich zu sich in seine Wohnung einlud, nahm ich unbefangen an. Erst hinterher erfuhr ich von anderen Muslimen, dass diese Einladung etwas Besonderes war, weil er normalerweise niemandem (nicht einmal Muslimen!) Zutritt zu seiner Wohnung gewährte.
Wenn wir eingeladen sind, brauchen wir uns nicht zu verrenken, um uns sicher und richtig zu verhalten. Aber einige wenige Punkte sollten beachtet werden. Manche Religionen und Religionsgemeinschaften haben bestimmte Reinheitsvorschriften oder leben in einer Kultur, auf die wir Rücksicht nehmen müssen. Sollten wir die Schuhe ausziehen? Bei den meisten Muslimen und Hindus sicher. Blumen sind überall gern gesehene Geschenke, im Gegensatz zu Alkohol.

Nähe und Distanz

Was im Umgang zwischen Menschen als höflich oder unhöflich gilt, ist von der jeweiligen Kultur und der Religion abhängig.
So bringen wir unseren Kindern bei, dass sie bei der Begrüßung dem anderen ihre rechte Hand geben und der zu begrüßenden Person in die Augen sehen. Wenn ein Mann eine Frau oder eine Frau einen Mann einer anderen Kultur oder Religion mit Handschlag begrüßen will, kann dies aus Sicht der für uns fremden Kultur oder Religion falsch sein. Wenn wir von einer Afrikanerin begrüßt werden und sie auf unsere Schuhe schaut, empfinden wir dies wiederum als unhöflich. Die Distanz, die eingehalten werden muss, um nicht als unhöflich zu gelten, ist unterschiedlich groß.

Wenn ein Mann von einem Muslim umarmt wird, kommt uns dies vielleicht fremd vor. Umgekehrt finden Muslime die bei uns zunehmende Begrüßungssitte des sich rechts und links auf die Wangen Küssens als distanzlos und unanständig. Was ist richtig? Eine allgemein gültige Regel gibt es kaum.

> Meine Empfehlung: Begrüßen Sie den anderen lieber mit einem freundlichem Lächeln und etwas Zurückhaltung.

Die meisten Muslime empfinden es als sehr unhöflich, wenn wir ihnen mit übergeschlagenen Beinen gegenüber sitzen.
Hindus sitzen im Tempel am Boden, wir als Besuchende ebenso. Wenn wir unsere Beine gegen andere Menschen strecken, gilt dies nicht nur als unhöflich, sondern eher schon als feindlich. Mit den Füßen wird der Nachbar oder die Nachbarin zurückgewiesen. Wenn unser Gegenüber schon lange genug in unserem Kulturkreis ist, wird er lächelnd darüber hinwegsehen können.
Körperkontakt in jeder Form ist heikel und sollte gut überlegt sein, auch gegenüber Kindern. Ein Kind zu umarmen oder auf den Arm zu nehmen oder gar zu küssen, ist meiner Meinung nach in jedem Fall ein Übergriff. In manchen Kulturen und Religionen, so zum Beispiel im Thai-Buddhismus, ist es unanständig, einem Kind über den zu Kopf streichen. Auch gegenüber Kindern ist ein wenig freundliche Distanz besser, ob aus psychologischen oder religiösen Gründen sei dahingestellt

Frau und Mann

Ein spezielles Problem ist der Umgang der Geschlechter untereinander. Die Umgangsformen haben sich bei uns in den letzten Jahrzehnten diesbezüglich gelockert. Schon in Süditalien und Sizilien aber gelten andere Umgangsformen. In der Türkei, in Pakistan und anderen Ländern gilt die Norm einer strikt getrennten Männer- und Frauenwelt. Speziell in mehrheitlich islamischen Ländern werden unsere lockeren Umgangsformen als unanständig aufgefasst. Dieses drückt sich oft schon in der Kleidung aus. Aber auch in Indien bei Hindus und sogar bei Sikh, die Mann und Frau religiös als gleichberechtigt betrachten, begegnen sich Frauen und Männer eher vorsichtig.

In der Begegnung von Mann und Frau die richtige Distanz einzuhalten, ist sehr schwierig, vor allem wenn Kultur und Religion unterschiedlich sind. Was bei der einen Religion die richtige Umgangsform ist, gilt bei der anderen als nicht angebracht.

Besondere Zurückhaltung ist bei der Zurschaustellung von körperlichen Reizen geboten. Im Iran, in Saudi-Arabien und weiteren islamischen Ländern darf eine Frau keinerlei Haut zeigen. Männer in Shorts sind unmöglich. Wer sich nicht an diese Kleidervorschriften hält, hat mit drakonischen Strafen zu rechnen. Obwohl – speziell gegenüber Touristinnen und Touristen – in vielen Ländern ein oder sogar beide Augen zugedrückt werden, empfinden es viele Einheimische als Beleidigung, wie sich viele von uns zeigen. Sie fühlen sich auch in ihren religiösen Gefühlen verletzt. Sexualmoral und Religion sind nur schwer voneinander zu trennen. Da wir hier nicht von weltlichen Gesetzen, sondern von religiösen Umgangsformen reden, braucht es uns nur bedingt zu interessieren, dass in manchen Ländern, so auch im katholischen Italien, die Gesetze der Tourismusindustrie zuliebe abgeschwächt, geändert oder einfach ignoriert werden. Wer jedoch der fremden Religion gegenüber höflich sein möchte, passt sich auch in seiner Kleidung maßvoll an.

Für viele mag zwar ein Frauenkörper ein erfreulicher Anblick sein, aber besonders in religiös konservativen Gegenden ist es angebrachter, ihn verhüllt statt barbusig oder gar nackt zu zeigen. Obwohl ich ein Liebhaber von FKK bin, überlege ich es mir mindestens dreimal, ob und wo ich auf meine Kleidung ganz verzichte. Wenn ich dies in Dänemark oder auf einer friesischen Insel am entsprechend gekennzeichneten FKK-Strand oder auf einem Segelboot weit ab vom Land tue, weiß ich, dass sich niemand darüber aufregen wird. Aber in Sizilien oder gar in einem arabischen Land ist auch der einsamste Strand oft nicht einsam genug. Höfliche Menschen nehmen auch in dieser Beziehung Rücksicht auf die Gefühle anderer Menschen.

 Als Gäste sollten wir ganz besonders die Religion und die entsprechenden Sitten und Gebräuche des Gastlandes respektieren.

In manchen katholischen und praktisch allen islamischen Ländern gelten öffentlich gezeigte Zärtlichkeiten als unschicklich. Schon dadurch, dass Paare Hand in Hand gehen, können die Gefühle anderer

verletzt werden. Dies gilt selbstverständlich auch für gleichgeschlecht-
liche Paare.
In New-Delhi habe ich Frauen in Hotpants und nabelfreiem Top gesehen. Zum Teil flanierten sie eng umschlungen mit ihren Partnern,
die auch entsprechend gekleidet waren. Ich habe dazu die Kommen-
tare Einheimischer gehört. Wenn die Gäste diese auch gehört hätten,
bin ich ziemlich sicher, dass einige sich sofort im nächsten Laden
neu ausgestattet hätten. Da New-Delhi eine westlich orientierte
Großstadt ist, hat niemand diese Fremden angesprochen. Dass diese nur wenig bekleidet einen Tempel besucht haben, zeugt von sehr
wenig Gespür. Manche wundern sich über rüpelhaftes Benehmen
und können sich nicht vorstellen, dass dieses möglicherweise etwas
mit ihrer Kleidung und ihrem Auftreten zu tun haben könnte.

Besuch eines Gotteshauses

»Wisse, vor wem du stehst!«
Dieser Satz steht oft in Synagogen angeschrieben. Er könnte aber
auch in jeder Kirche oder jedem Tempel stehen. Darin ist alles zusammengefasst, was den Besuch dieses besonderen Hauses ausmacht.
Ein wichtiger Aspekt ist die rituelle Reinheit, die eingehalten werden
muss, um den Raum nicht zu entweihen. Da die rituelle Reinheit in
jeder Religion verschieden aufgefasst wird, sei hierfür auf das jewei-
lige Kapitel verwiesen.
Ob wir als Besuchende diese Regeln als »richtig« anerkennen, ist
belanglos. Höfliche Gäste werden sich rücksichtsvoll verhalten und
zurückhaltend benehmen, weil sie den Glauben der Gläubigen achten.
Es gibt einige Tabus, die nie übertreten werden dürfen. Sie sollen hier
aufgelistet und anschließend erläutert werden:

- Unpassende Kleidung
- Rauchen
- Handy gebrauchen
- Alkoholisiert sein
- Kaugummi kauen
- Räumlichkeiten betreten, die nicht für die Öffentlichkeit
  bestimmt sind

- Kultgegenstände berühren
- Fotografieren ohne ausdrückliche Erlaubnis
- Zärtlichkeiten austauschen
- Lachen
- Während der Kulthandlungen unnötig herumgehen
- Während der Kulthandlung reden oder schlafen
- Bei Gerüchen Abscheu zeigen.

Kleidung

»Besuchen Sie bitte dieses Gotteshaus nicht im Badeanzug. Sie können hier wirklich nicht baden!«
Diesen Hinweis finden wir bei einigen katholischen Kirchen in Italien an der Eingangstür. Auf humorvolle Art wird die Bitte ausgedrückt, dass Besucher auf die Würde des Orts Rücksicht nehmen möchten. Ob wir die eigene oder eine fremde Kirche besuchen, spielt dabei eine untergeordnete Rolle. Der Würde des Ortes angemessene Kleidung zeigt unseren Respekt. Kurze Hosen sind auch im Sommer nicht sehr geeignet, Sportkleidung gehört auf den Sportplatz. Mädchen und Frauen sollten ihre allzu offen getragene sommerliche Kleidung an anderen Orten als in einem Gotteshaus tragen. Ob Hose oder Rock hängt von der jeweiligen Religion ab, bauchfreie oder ärmellose Kleidung ist dagegen praktisch überall unerwünscht. Als Grundsatz gilt: Möglichst wenig Haut zeigen.
Ob ein Mann mit Anzug und Krawatte oder weniger förmlich angezogen sein darf, kann vorher abgeklärt werden. Ein Mann, der auch in seinem Alltag so gekleidet ist, ist sicher immer »richtig« angezogen. Bei einzelnen Religionsgemeinschaften fallen Männer aus dem Rahmen, wenn sie ohne Krawatte erscheinen.
Bei asiatischen Religionen sitzen die Menschen meistens auf dem Boden, deshalb sollte neben den oben genannten Kleidungsgrundsätzen aus praktischen Gründen auf einigermaßen bequeme Kleidung geachtet werden. Für Frauen ist ein weiter langer Rock, der auch im Sitzen die Beine bedeckt, praktisch.
In einer Synagoge müssen alle männlichen Besucher den Kopf bedecken, in einer Kirche oder einem Hindutempel hingegen den Kopf entblößen. In einigen Tempeln und in den islamischen Moscheen müssen die Schuhe ausgezogen werden.

Rauchen

In jeder kultischen Handlung, in jedem Gottesdienst jeder Kirche,
Synagoge, Tempel oder Moschee gilt ein striktes Rauchverbot.
Schon Adolph Freiherr Knigge wusste, dass es unangenehm und unhöflich ist, nach Rauch stinkend einen Besuch zu machen. Deshalb
versorgte er schon vor dem Besuch seine Pfeife, damit seine Kleider
nicht nach Rauch riechen sollten.[6]
Bei einem Besuch bei einer Familie richten sich höfliche Menschen
nach den Gastgebern. Wenn diese ihre täglichen Gebete verrichten,
wird ein auch nur halbwegs höflicher Mensch nicht rauchen. Ein
Jude, der raucht, obwohl das Rauchen als gesundheitsschädigend
von vielen Religionsgelehrten als verboten bezeichnet wird, lässt auf
jeden Fall seine Rauchutensilien vor dem Besuch der Synagoge zu
Hause. Wenn wir als Nichtjuden einen Sabbatgottesdienst besuchen,
verfahren wir ebenso. Es wird zwar kaum jemand kontrollieren, ob
wir dies tun, aber es ist höflich.
In manchen Religionen darf an dem Tag des Tempelbesuchs nicht
geraucht werden. Ein Hindutempel oder ein Gurdwara der indischen
Sikh darf niemals mit Rauchutensilien betreten werden.

Handy

Wenn wir bei einer Familie zu Besuch sind, ein Gotteshaus oder gar
einen Gottesdienst besuchen, muss das Handy ausgeschaltet sein. In
allen Kulthandlungen ist ein Anruf störend und deshalb unhöflich.
Ein Arzt oder eine Ärztin, die unbedingt erreichbar sein müssen, sollten ihr Handy auf Vibrationsalarm umstellen, damit es zumindest
keine akustische Störung gibt. Ob eine SMS unbedingt sofort gelesen
und möglicherweise sogar gleich beantwortet werden muss, ist nicht
nur eine Geschmacksfrage, sondern vor allem eine Frage des Anstands. Bei vielen Besuchen in Tempeln, Kirchen oder Moscheen mit
Jugendlichen, aber auch mit Erwachsenen jeden Alters, erlebe ich
es immer wieder, dass mitten in die Erklärungen oder sogar in eine
Kulthandlung hinein eines oder sogar mehrere Handys klingelten.
Oftmals dauert es sogar eine Weile, bis sich die Besitzerin oder der
Besitzer durchringt und es abstellt.
Grundsätzlich: In jeder Religion und an jedem religiösen Ort ist es
unpassend und unhöflich, von einem Handy gestört zu werden. An

einem Sabbat in einer Synagoge ist es sogar eine schlimme Entweihung des heiligen Tages. Deshalb sollten Sie als Besucher ihr Handy lieber gleich zu Hause lassen.

Alkohol

Wer zum Essen ein Glas Wein oder ein Bier getrunken hat, braucht deswegen nicht auf einen Kirchen- oder Synagogenbesuch zu verzichten. In einigen anderen Religionen hingegen ist Alkoholgenuss am Tag des Besuchs eine Verletzung der Reinheitsgebote. Deshalb muss darauf verzichtet werden – entweder auf den Genuss von Alkohol oder auf den Besuch. Es ist jedoch eine Frage der allgemeinen Höflichkeit, nie alkoholisiert ein Gotteshaus zu betreten.

Kaugummi kauen

In einem Gotteshaus hat ein Kaugummi seinen Platz in der Tasche und nicht im Mund! Etwas anders ist es, gegen Halsschmerzen eine Halsschmerzpastille im Mund zergehen zu lassen. Wer dies mit Zurückhaltung tut, wird deswegen kaum als unhöflich betrachtet.

Räumlichkeiten betreten

Wenn wir ein Gotteshaus betreten, vergegenwärtigen wir uns, dass dies weder ein Museum noch eine Kunstausstellung ist. Es erwartet niemand von uns, dass wir den Glauben der sich hier versammelnden Gläubigen teilen, jedoch schon, dass wir dem Glauben Respekt zollen.

 Benehmen wir uns als zurückhaltende Gäste und respektieren, dass es in einem Gotteshaus Bereiche gibt, die nicht für die Öffentlichkeit bestimmt sind.

Da es nicht immer einfach ist, diese Bereiche zu erkennen, fragen Sie im Zweifelsfall besser nach. Wenn es Absperrungen gibt, vereinfacht dies die Sache, aber leider finden wir solche Hilfen nur selten. Dass in einem Hindutempel niemand außer dem Priester einen Schrein

betritt, ist einleuchtend, dass aber vor dem Hauptschrein auch
eine Zone ist, die nicht betreten werden darf, ist nicht so offensichtlich.

Andere Räumlichkeiten dürfen, je nach Geschlecht, betreten werden.
So ist in einer Synagoge in der Regel während des Gottesdienstes der
Hauptraum den Männern und die Empore den Frauen vorbehalten.
In den meisten Moscheen sind während der Gebete die Gebetsräume
nur für die Männer geöffnet. Außerhalb des Gottesdienstes dürfen
in der Regel beide Geschlechter alle Räume besichtigen. Im Zweifelsfall gilt auch hier, dass Fragen Unklarheiten aus der Welt schaf-
fen können.

Kultgegenstände berühren

Kinder lernen schon sehr früh, dass sie ihre Finger bei sich behalten
sollten und weder in einem Geschäft, beim Besuch in einer fremden Wohnung oder gar in einem Gotteshaus etwas berühren sollen.
Obwohl es eigentlich selbstverständlich sein sollte, dass sich auch
Erwachsene an diese minimale Anstandsregel halten, ist dies leider
nicht immer der Fall. In zahlreichen Hindutempeln ist der Zutritt
nur noch für Hindus erlaubt, weil Besucher die Götterfiguren an-
gefasst und Kultgegenstände in die Hände genommen haben. Es ist
sogar schon vorgekommen, dass neben einigen kleineren Verstößen
Leute vom Altar herunter geholt werden mussten, auf den sie sich
zum Fotografieren gesetzt hatten.

Fotografieren ohne Erlaubnis

Es ist nicht grundsätzlich verboten, in Gotteshäusern zu fotografieren. Es ist aber unbedingt nötig, das vorher abzuklären. Auf jeden
Fall sollte man nur mit äußerster Zurückhaltung fotografieren und,
wenn möglich, auf das Blitzgerät verzichten. In manchen christlichen Kirchen gibt es ein generelles Fotografierverbot, in anderen
darf nur mit Erlaubnis oder nur sehr eingeschränkt fotografiert
werden. An einem Sabbat in einer Synagoge zu fotografieren ist immer verboten, weil am Sabbat jede Arbeit verboten ist. Fotografieren wird auch als Arbeit definiert. Wer sich darüber hinwegsetzt,
wird auf jeden Fall als unhöflich betrachtet und eventuell sogar
vor die Tür gebeten.

Zärtlichkeiten

Ein Gotteshaus ist ein ungeeigneter Ort, um Zärtlichkeiten auszutauschen. In manchen Kirchen, in Synagogen und Tempeln sitzen die Besucher nach Geschlechtern getrennt, dann erübrigt sich das Thema. Sonst gilt aber auch hier als höflich, wer sich zurückhaltend zeigt und sich den Gepflogenheiten anpasst.

Lachen[7]

Ein Gott mit einem Elefantenkopf? Ein Affe als Gott? Bei Führungen in einem Hindutempel erlebe ich es immer wieder, dass Besucher laut über die Darstellungen von Gottheiten lachen. In einer katholischen Kirche löst der gekreuzigte Jesus – nicht nur bei Nichtchristen! – Kopfschütteln aus. Wer zum ersten Mal ein Gotteshaus einer fremden Religion oder Konfession betritt, ist eventuell befremdet über die Kultfiguren und Bilder, kultische Handlungen muten uns vielleicht seltsam an. Dies ist aber kein Grund, darüber zu lachen. Vielleicht erscheinen unsere kultischen Handlungen Andersgläubigen auch seltsam. Höfliche Menschen lachen nicht in einem Gotteshaus oder während einer kultischen Handlung. Es gibt natürlich Ausnahmen. Wenn ein Pfarrer in seiner Predigt eine lustige Anekdote erzählt, darf darüber natürlich geschmunzelt werden. Allerdings reagieren einzelne Gottesdienstbesucherinnen und -besucher auch hierauf mit Unverständnis, weil sie sich durch des Pfarrers Witz in ihrer Andacht gestört fühlen. Wie mir eine ältere Frau sagte, sollte auch ein Pfarrer diesen Knigge lesen und respektieren. Ob Humor in einem Gottesdienst seinen Platz hat, darüber gehen die Meinungen auseinander. In der Methodistenkirche im Dorf Embrach pflegen der Pfarrer und die Gemeinde eine eigene Witzkultur. Die Witze veröffentlichen sie auf ihrer Homepage.[8] Aber dies ist eher ein Spezialfall. Sicher hat das Lachen als Sich-lustig-Machen über den Glauben anderer in einem Gottesdienst keinen Platz. »Man respektiere das, was anderen ehrwürdig ist!«[9], wie Knigge schrieb.

Während der Kulthandlungen unnötig herumgehen

Normalerweise wird kein höflicher Mensch während eines Gottesdienstes in einer Kirche umherlaufen. Leider gibt es einige Ausnahmen. So zum Beispiel in berühmten Wallfahrtskirchen. An einigen dieser Kirchen mussten Schilder angebracht werden, die darauf hinweisen, dass während der Gottesdienste der Zutritt nur für Menschen, die den Gottesdienst besuchen wollen, gestattet ist. Aus Rücksicht auf Gläubige verschiebt ein höflicher Besucher seinen Besuch auf später oder setzt sich weiter hinten in eine Bank und feiert den Gottesdienst mit.

Schwieriger ist die Einschätzung darüber, was in einer Hindupudscha, einem hinduistischen Gottesdienst, als anständig gilt und was nicht, weil die Hindus nicht während des ganzen Gottesdienstes am gleichen Ort stehen oder sitzen bleiben. Näheres darüber folgt im Kapitel *Hinduismus*.

Während einer Kulthandlung reden oder schlafen

Gottesdienste können lange dauern. Für Kinder sind sie meistens zu lang. Für Erwachsene manchmal auch, so zum Beispiel, wenn uns eine Predigt nicht anspricht. Als Besucher in einem fremdsprachigen Kult, von dem wir nichts verstehen, nimmt verständlicherweise die Konzentration nach einer gewissen Zeit ab, besonders dann, wenn der Gottesdienst sehr lange dauert. Adolf Freiherr Knigge bezeichnet es als »kleine gesellschaftliche Unschicklichkeit«, während der Predigt zu schlafen.[10]

Für Unterhaltungen ist nach dem Gottesdienst genügend Zeit, deshalb redet ein höflicher Besucher nicht während der religiösen Zusammenkunft.

Falls Erklärungen nötig sind, um den Gottesdienst zu verstehen, empfiehlt es sich, sich bereits im Vorfeld zu informieren. In einer Synagoge oder einem koptischen Gottesdienst war ich oftmals schon dankbar, dass mir jemand im Gebetbuch die deutsche Übersetzung zeigte, damit ich so den Ablauf mitverfolgen und verstehen konnte. Fragen merkte ich mir für später, um so wenig wie möglich zu stören.

Bei Gerüchen Abscheu zeigen

Über Geschmack lässt sich nicht streiten. Dies gilt auch im religiösen Bereich. In manchen katholischen und allen orthodoxen Kirchen gehört es zum Gottesdienst, dass der Priester mit dem Weihrauchgefäß durch die Kirche geht und so den Duft des Weihrauchs verbreitet.

Duft? Für manche empfindliche Nasen ist der Geruch eher ein Gestank. Im Hindutempel brennen Räucherstäbchen und Öllampen. Der Priester verbrennt vor jedem Schrein und jeder Götterfigur Kampfer, der einen beißenden Rauch verbreitet. Wer das nicht gewöhnt ist, hat seine Mühe damit. Allerdings ist es ein erheblicher Unterschied, ob man jemandem ansieht, dass er seine Mühe mit dem Geruch hat, oder ob dieser unverhohlen seine Abscheu zeigt. Ich erlebte bei einem Besuch in einem Tempel, wie sich viele Hindus verletzt fühlten, als eine Gruppe Jugendlicher während des Kultes mit offensichtlich angewiderten Gesichtern den Raum verließ.

Teilnahme an Ritualen

Wenn wir die eigene Religionsgemeinschaft besuchen, ist die Frage wahrscheinlich schnell beantwortet, ob wir an einem Ritual teilnehmen sollen oder nicht. Als Gäste hingegen fühlen wir uns unsicher. Grundsätzlich erwartet niemand von uns, dass wir ein uns fremdes Ritual ausführen, sondern nur, dass wir uns respektvoll verhalten. Wenn wir die oben beschriebenen Tabus beachten, genügt es meistens, aufzustehen, wenn es die Gläubigen tun. Wir brauchen auch keine Niederwerfungen zu machen oder zu knien, wie es in katholischen Kirchen üblich ist.

Umgekehrt möchten wir vielleicht ein Ritual mitvollziehen, weil wir uns davon angesprochen fühlen. Dabei ist größte Zurückhaltung geboten und eine vorherige Rücksprache mit dem Priester oder einer anderen kompetenten Person sinnvoll. Im Zweifelsfall sollten wir uns aus Respekt vor der anderen Religion zurückhalten.

Ein Wort zur Pünktlichkeit

Eine Fluglinie oder ein Eisenbahnbetrieb wird u.a. an der Pünktlichkeit gemessen. Im Geschäftsleben gilt die Pünktlichkeit als eine der wichtigsten Tugenden. Mancher hat schon wegen seiner Unpünktlichkeit seine Arbeitsstelle verloren. Wenn wir bei Google als Stichwort »Pünktlichkeit« eingeben, erhalten wir über 53.000 Hinweise. Dies zeigt die Wichtigkeit dieses Begriffs. In den Religionen ist es mit der Pünktlichkeit nicht immer so einfach. In den evangelischen und katholischen Kirchen beginnen die Gottesdienste pünktlich. Wer erst nach dem Läuten der Kirchenglocken Platz nimmt, gilt als unhöflich.

In vielen orthodoxen Kirchen hingegen ist es üblich, dass der Priester den Gottesdienst praktisch allein beginnt und die Gläubigen erst nach und nach kommen. Bei manchen asiatischen Religionen dauern die Gottesdienste mehrere Stunden, manchmal sogar Tage. Deshalb erstaunt es auch nicht, dass viele Gläubige nicht von Anfang an dabei sind und dennoch nicht als unhöflich gelten. Oft darf der Kult zwischendurch verlassen werden. Bei manchen Gelegenheiten werden sogar Erfrischungen angeboten.

Christliche Gottesdienste sollte man nicht ohne ganz dringende Gründe verlassen. Bei Hindus und Sikh ist das anschließende Essen kein Angebot zum Bleiben, sondern ein integrierender Bestandteil des Gottesdienstes, im Gegensatz zu dem in vielen Kirchen üblichen Kaffeetrinken nach dem Gottesdienst.

Auch beim Thema Pünktlichkeit ist es von großem Vorteil, sich bei Besuchen anderer, uns fremden Konfessionen oder Religionen vorher kundig zu machen, damit man nicht viel zu früh oder zu spät kommt. Es kann unangenehm sein, als Einziger einem Kult beizuwohnen, bevor die Gläubigen kommen, und dann unter Umständen mehrere Stunden auf unbequemen Bänken oder gar stehend ausharren zu müssen.

Ein Wort zum Essen

»Die Liebe geht durch den Magen«, sagt man. Auch in den Religionen spielt Essen eine wichtige Rolle. So gibt es unzählige Vorschriften, die das Essen betreffen. Manche Religionen kennen zudem Fastenzeiten, in denen nicht nur zu bestimmten Zeiten gegessen oder nur bestimmte Speisen genossen oder vermieden werden. Die Speise- und Fastenregeln zu kennen, erspart Peinlichkeiten. Wenn wir Gäste einladen, fragen wir schon bei der Einladung, ob sie Vegetarier sind, ob sie etwas Bestimmtes nicht essen und wie sie es mit dem Alkohol halten. Muslime zu einem Schweinebraten einzuladen und dazu einen guten Wein auf den Tisch zu stellen, kann als Mangel an Anstand aufgefasst werden.

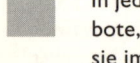 In jeder Religion gibt es mehr oder weniger ausführliche Speisegebote, aber nicht jeder Mensch, der dieser Religion angehört, hält sie im gleichen Maße ein; deshalb ist es von Vorteil, vorher zu fragen.

Wenn wir wissen, dass Menschen verschiedenster Religionen erwartet werden, so bei einer interreligiösen Feier oder einem Empfang für Immigrantinnen und Immigranten, ist es eine Taktlosigkeit, wenn es keine Alternativen zu Speisen und Getränken gibt. Wenn wir mit unserem Verein zu bestimmten Festen eine interkulturelle Zusammensetzung erwarten, verzichten wir auf Alkohol und bieten verschiedene alkoholfreie Getränke an. Bei den Speisen verzichten wir entweder ganz auf Fleisch oder richten streng voneinander getrennte Tische mit Fleischspeisen und vegetarischen Speisen an, die entsprechend gekennzeichnet sind. Da sich alle selbst bedienen, gibt es keine Fragen und keine Peinlichkeiten. Dass wir aus Rücksichtnahme auf Muslime nicht ausgerechnet im Fastenmonat Ramadan eine solche Einladung planen, ist selbstverständlich.

Wenn wir selbst eingeladen sind und bestimmte Speisen oder Alkohol meiden, sollten wir nicht erwarten, dass die Gastgeber das von selbst merken. Die Einladenden sind uns dankbar, wenn wir ihnen mitteilen, dass wir zum Beispiel Vegetarier sind oder keinen Alkohol trinken.

Bei manchen asiatischen Religionen ist das Essen Teil des Gottesdienstes. Deshalb wird erwartet, dass alle Anwesenden mitessen. Für Mitteleuropäer ist es ungewohnt, dass Hindus und Sikh meistens mit der Hand essen. Wenn das dazu noch auf dem Boden sitzend geschehen soll, ist es manchmal ein Geschicklichkeitsspiel. Im Hindutempel nahm ich schon manches Mal innerlich kopfschüttelnd zur Kenntnis, dass Gäste das Fehlen von Besteck rügten. Höfliche Hindus brachten Plastiklöffel, und ich wunderte mich über das Benehmen der Gäste.

Ein freudiges Ereignis

Dürfen wir, sollen wir bei einem freudigen Ereignis, also bei einer Hochzeit oder einer Geburt, gratulieren? Selbstverständlich! Teilen sie dem Brautpaar oder den jungen Eltern mit, dass sie sich mit ihnen freuen und ihnen alles Gute wünschen. Andersgläubige erwarten in dieser Hinsicht nicht von uns, dass wir uns ihnen anpassen. So können wir uns frei fühlen, eine Gratulationskarte und eventuell ein Geschenk zu übersenden. Wenn wir es ehrlich meinen, wird es auch bei den Beschenkten so ankommen. Im Zweifelsfall verzichten Sie auf religiöse Inhalte in einer Gratulationskarte.

Wenn Sie zu einem religiösen Fest – Trauung oder Taufe – eingeladen sind, gelten normalerweise die gleichen Regeln wie bei einem gewöhnlichen Gottesdienst.

Trauer

Der Tod gehört zum Leben. Die Trauer über den Verlust eines lieben Menschen gehört zum Sterben.
Auch wenn die Glaubensansichten zum Tod unterschiedlich sein mögen, trauern alle Menschen. Die Trauergebräuche bei den verschiedenen Religionen sind aber sehr unterschiedlich.[11]

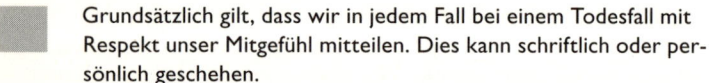 Grundsätzlich gilt, dass wir in jedem Fall bei einem Todesfall mit Respekt unser Mitgefühl mitteilen. Dies kann schriftlich oder persönlich geschehen.

Wenn wir eine Beileidskarte senden, sollten Sie unbedingt auf das Motiv achten. Eine Karte mit einem christlichen Motiv, zum Beispiel einem Kreuz, verwenden Sie nur für Christen. Dort ist sie grundsätzlich nicht verkehrt.
Andersgläubige empfinden eine solche Karte unter Umständen als mehr oder weniger plumpen Missionsversuch.
Bei dem, was wir schreiben, brauchen wir uns nicht zu verrenken. Drücken Sie Ihr Mitgefühl aus, wünschen Sie den Hinterbliebenen Kraft in der schweren Zeit und schreiben Sie vielleicht, was Ihnen der verstorbene Mensch bedeutet hat. Wenn wir unsere Gefühle aufrichtig zum Ausdruck bringen, ist das sicher richtig. Im Zweifelsfall lassen Sie besser alle Bezüge zur Religion weg, da sie leicht missverstanden werden oder gar verletzen könnten. Die jeweiligen Auffassungen darüber, was nach dem Tod kommt, sind sehr verschieden. Für einen Christen ist es kein Trost, von einem Buddhisten zu hören, dass Trauer überflüssig sei, weil der verstorbene Mensch in einer neuen Existenz wieder erscheinen wird.
Sollen wir an einer Trauerzeremonie teilnehmen? Wenn in der Todesanzeige in der Zeitung oder in einem Trauerbrief Ort und Zeit angegeben sind, können wir davon ausgehen, dass alle, die dies wünschen, dazu eingeladen sind.

Die Trauerzeremonien sind in allen Religionen und in den meisten christlichen Konfessionen sehr unterschiedlich. Deshalb ist es wichtig, sich vorher zu erkundigen, ob ein Geleit erwünscht ist und wie die Teilnahme vonstatten gehen soll.

Anmerkungen

[1]   Wolff: S. 7.
[2]   Knigge: S. 55.
[3]   Knigge: S. 123.
[4]   Nach Matthäus 7, 4-5.
[5]   Persönlicher Brief von Pfarrer Reinhard Möller, Aesch BL, an den Autor.
[6]   Knigge: S. 20.
[7]   Knigge: S. 57.
[8]   http://www.embrachertal.ch/embrach/witze.htm
[9]   Knigge: S. 55.
[10]   Knigge: S. 63.
[11]   Siehe dazu: Georg Schwikart: Tod und Trauer in den Weltreligionen. Gütersloh 1999.

Christentum

Der christliche Glaube

»Ich glaube an Gott Vater,
den Allmächtigen,
den Schöpfer des Himmels und der Erde.
Und an Jesus Christus,
seinen eingeborenen Sohn, unseren Herrn,
der empfangen ist von dem Heiligen Geist,
geboren von Maria, der Jungfrau,
gelitten unter Pontius Pilatus,
gekreuzigt, gestorben und begraben,
hinabgestiegen zur Hölle,
am dritten Tage wieder auferstanden von den Toten,
aufgefahren gen Himmel;
er sitzt zur Rechten Gottes,
des allmächtigen Vaters;
von dort wird er kommen,
zu richten die Lebendigen und die Toten.
Ich glaube an den Heiligen Geist,
eine heilige allgemeine christliche Kirche,
die Gemeinschaft der Heiligen,
Vergebung der Sünden,
Auferstehung des Fleisches
und ein ewiges Leben.«
(Ökumenische Fassung des Glaubensbekenntnisses)[1]

Alle Religionsgemeinschaften, die auf Jesus Christus zurückgehen, werden zum Christentum gezählt und bilden als Gesamtheit die größte Religion der Welt mit etwa zwei Milliarden Gläubigen. Gemeinsame Basis ist der Glaube an den einen Gott, der sich den Menschen geoffenbart hat. Seine Offenbarungen und die Geschichte der Menschen sind in der Bibel, bestehend aus Altem und Neuem Testament, festgehalten. Dieses Heilige Buch ist grundlegend für alle Christen. Die Bibel ist für alle christlichen Kirchen und Gemeinschaften

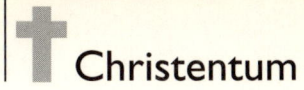

Urkunde der Offenbarung Gottes und Grundvoraussetzung allen Glaubens, Lehrens und Handelns.[2]
Die Wurzeln des Christentums entstammen dem Judentum. Im Gegensatz zu Juden glauben Christen, dass der erwartete Messias in Jesus Christus bereits erschienen ist. Die Christen glauben, dass damit die Botschaft Jesu, das Evangelium, bestätigt wurde, die besagt, Gottes Reich sei nahe. Sie glauben auch, dass Jesus gekreuzigt wurde und damit für die Sünden der Menschen gestorben, aber wieder auferstanden ist. Die Auferstehung Christi und die Hoffnung, dass wir durch Christi Kreuzestod am jüngsten Tag auch auferstehen und ins Paradies eingehen werden, ist die große Hoffnung der Christen.

Christliche Kirchen und Gemeinschaften

Die Gesamtheit der Christen ist in mehreren hundert Kirchen und Gemeinschaften organisiert, die sich nur teilweise gegenseitig anerkennen. Die drei größten sind weltweit die römisch-katholische Kirche, die ostkirchlichen Orthodoxen und die Kirchen der Reformation.

 Im deutschsprachigen Raum gibt es jeweils über 30 Millionen katholische, evangelische und fast eine Million orthodoxe Christen. Daneben gibt es die kleine christ- oder altkatholische Kirche und hunderte, meist evangelikale freikirchliche Gemeinden mit insgesamt etwa zwei Millionen Mitgliedern.

Die römisch-katholische Kirche wird in ihrer Organisation als strenge Einheit geführt. Nach ihrem Selbstverständnis ist sie die von Jesus Christus gestiftete Gemeinschaft der Gläubigen. Ihr Oberhaupt ist der Bischof von Rom, der Papst, der zugleich das Staatsoberhaupt des vatikanischen Staates ist. Zu dieser Kirche gehören alle, die getauft sind und sich zu den römisch-katholischen Lehren bekennen. Die Priester üben ihr Amt als Verwalter und Spender der Sakramente aus. Nur Männer können ein priesterliches Amt ausüben. Frauen können als so genannte Gemeindeleiterinnen eine Gemeinde seelsorgerisch betreuen, predigen, unterrichten und viele andere Aufgaben ausüben.

Die zahlenmäßig kleine[3] christ- oder altkatholische Kirche entstand aus Protest gegen die Einführung des »Unfehlbarkeitsdogmas« des Papstes im Jahr 1870, das dem Papst eine besondere Rolle in Glaubensfragen zuerkennt. Sie unterscheidet sich, abgesehen von der Ablehnung des Papsttums und der zurzeit zaghaften Einführung des Priestertums für Frauen, theologisch nicht sehr stark von der römisch-katholischen Kirche.

Im 16. Jahrhundert gab es große Spaltungen innerhalb der Kirchen. Daraus hervorgegangen sind eine ganze Reihe reformatorischer Kirchen und Bewegungen. Der Begriff »reformatorisch« enthält den Anspruch, eine Kirche zu sein, die durch das Wort Gottes, das in der Bibel festgehalten ist, erneuert wird und die sich immer neu vom Wort Gottes in Frage stellen lässt.[4] Allen reformatorischen Kirchen gemeinsam ist die Ablehnung des Papsttums. Die größten reformatorischen Kirchen sind die evangelisch-lutherischen oder evangelisch-reformierten Kirchen. Die Evangelische Kirche in Deutschland ist der Zusammenschluss von den 24 evangelischen Landeskirchen Deutschlands zu einem Bund von autonomen Kirchen. Von den 24 Gliedkirchen sind heute 10 lutherischen Bekenntnisses, 12 sind uniert und zwei sind reformiert.[5] In Österreich gibt es die Evangelische Kirche A. B. (Augsburger Bekenntnisses, lutherisch) und die Evangelische Kirche H. B. (Helvetischen Bekenntnisses, reformiert).[6] Der Schweizerische Evangelische Kirchenbund ist der Dachverband der 23 evangelisch-reformierten Kantonalkirchen sowie der evangelisch-methodistischen Kirche.[7]

Alle evangelischen Dachverbände haben, im Gegensatz zum Vatikan, den angeschlossenen Kirchen gegenüber keine Weisungsbefugnisse.

Die orthodoxen Kirchen werden auch Ostkirchen genannt, weil sie im Ostteil des alten Römischen Reiches oder sogar außerhalb des Römischen Reiches entstanden sind. Sie sind seit dem 11. Jahrhundert von der römischen Kirche gespalten. Die Bezeichnung der jeweiligen orthodoxen Kirchen richtet sich nach ihrem Herkunftsort. Viele dieser Kirchen sind autokephal, das heißt mit »eigenem Haupt«, also dem Recht zum eigenständigen Einsetzen ihres Oberhaupts (meistens der Patriarch) als höchstem Ausdruck völliger Unabhängigkeit, versehen. Der »Ökumenische Patriarch« von Konstanti-

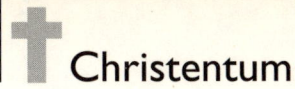

nopel hat den Ehrenvorrang inne, aber keinerlei Rechte gegenüber den anderen orthodoxen Kirchen. Die unter dem Ökumenischen Patriarchat zusammengeschlossenen Kirchen erkennen sich gegenseitig an.[8] Das bedeutet, dass alle orthodox Gläubigen in jeder dieser Kirchen vollberechtigt an allen Ritualen, also auch am Abendmahl teilnehmen dürfen. Die orthodoxen Kirchen werden nach Sprache und Herkunftsländern unterschieden: Die wichtigsten sind Russland, Griechenland, Serbien, Syrien und Mazedonien.

Die koptisch-orthodoxe Kirche, die als eine der ältesten Kirchen gilt, nimmt hierbei eine Sonderstellung ein. Sie hat keine Abendmahlsgemeinschaft mit den anderen orthodoxen Kirchen des Ökumenischen Patriarchats. Im deutschsprachigen Raum gibt es koptische Christen aus Ägypten und Äthiopien.

Eine weitere wichtige Gruppe sind die evangelikalen Gemeinden oder Freikirchen. Sie zählen zu den reformatorischen Kirchen. Der Begriff »evangelikal« stammt aus dem angelsächsischen Sprachraum. Seit 1966 ist er auch im deutschen Sprachraum geläufig. Gemeint sind konservative evangelische Christen, »die auf die persönliche Glaubenserfahrung in Bekehrung und Wiedergeburt einen Schwerpunkt legen, von der Inspiration der Bibel ausgehen, die Heiligung des individuellen Lebens und der Gesellschaft fordern, eine Gemeinschaft der wahrhaft Gläubigen erstreben und für die Mission und Evangelisation vorrangige Aufgaben sind«.[9] Im Allgemeinen pflegen sie, im Gegensatz zu den evangelischen und katholischen Kirchen, die Gläubigen- oder Erwachsenentaufe. Erst durch die Taufe ist die freiwillige Mitgliedschaft möglich, auch deshalb verstehen sich diese Gemeinden als Freikirchen. Die verschiedenen freikirchlichen Gemeinden haben zwar sehr viele Gemeinsamkeiten, unterscheiden sich aber stark in ihren Strukturen. Einige sind in Dachverbänden oder losen Vereinigungen verbunden, so zum Beispiel in der Evangelischen Allianz, die es in mehreren Ländern als örtliche und landesweite Gremien gibt. Die meisten evangelikalen Gemeinden erkennen sich gegenseitig an. Es gibt zudem innerhalb der evangelischen Landes- oder Kantonal-Kirchen eine wachsende Zahl von evangelikalen Kirchgemeinden, die sich als Teil der evangelischen Kirchen verstehen, aber die evangelikale Theologie und Praxis pflegen.

Die Pfingstbewegung ist ein Teil der reformatorischen Bewegung. »Das Besondere der Pfingstbewegung ist die Erfahrung des Heiligen Geistes. Sie wird als Zeichen der Endzeit gedeutet. Zurückgeführt

wird diese Erfahrung auf die Ausgießung des Heiligen Geistes, wie
sie in Apostelgeschichte 2, 1-13 erzählt ist: Die am Pfingsttag in Jerusalem versammelten Christen konnten durch den Heiligen Geist
plötzlich in fremden Sprachen sprechen und sich untereinander verstehen.«[10] Krankenheilung, Prophetie und Zungenrede (das Sprechen aus unmittelbarer Eingebung des Heiligen Geistes) sind die drei
urchristlichen Geistesgaben, die in den Pfingstgemeinden besonders
gepflegt werden.[11] Die Praxis in den pfingstlichen Gemeinden kann
stark voneinander abweichen. Die Vielfalt ist sehr groß. Das Spek-
trum reicht von Freikirchen, die die Zusammenarbeit mit anderen
Kirchen und Freikirchen suchen und pflegen, bis zu solchen, die sich
vollkommen abkapseln. Wie andere evangelikale Gemeinden pflegen
pfingstliche Gemeinden die Gläubigentaufe. Nach pfingstlerischer
Überzeugung gehört eine übermächtige Gotteserfahrung, die »Geist-
taufe«, zum »vollen« Christsein.[12]

Christliche Werte und Normen

Gott erschafft alles aus dem Nichts. »Wir glauben, dass Gott zum
Erschaffen nichts schon vorher Existierendes und keinerlei Hilfe benötigt«, heißt es im Katechismus der Katholischen Kirche.[13] Dieser
Satz gilt für alle Christen. Damit ist einer ihrer höchsten Werte aus-
gedrückt. Gott steht über allem und allen und wird deshalb auch
entsprechend verehrt.
Die Bibel, bestehend aus Altem und Neuem Testament, ist die Heilige Schrift der Christen:
»*Gott ist der Urheber* [Autor] *der Heiligen Schrift. Das von Gott
Geoffenbarte, das in der Heiligen Schrift schriftlich enthalten ist
und vorliegt, ist unter dem Anhauch des Heiligen Geistes aufgezeichnet worden.*«[14]
Die Bibel erzählt die Geschichte des Handelns von Gott mit den
Menschen. Auch die Gebote, Gesetze und religiösen Vorschriften
sind dort verzeichnet. Zur Frage des wichtigsten Gebotes heißt es in
der Bibel:
»*Jesus antwortete: Das erste ist: Höre Israel, der Herr, unser Gott,
ist allein Herr; und du sollst den Herrn, deinen Gott, lieben aus
deinem ganzen Herzen und aus deiner ganzen Seele und aus dei-*

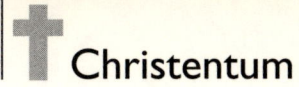 **Christentum**

nem ganzen Denken und aus deiner ganzen Kraft. Das zweite ist dieses: Du sollst deinen Nächsten lieben wie dich selbst. Kein anderes Gebot ist größer als diese beiden.« (Mk 12, 29-32)
Mit diesen Geboten sind aus christlicher Sicht die biblischen Gebote zusammengefasst. Von den im Alten Testament aufgelisteten 613 Ge- und Verboten, die Juden beachten, haben die meisten für Christen nur noch bedingt Gültigkeit.

Die Zehn Gebote

Die für Christen wichtigsten Gebote, eigentlich Auslegungen der beiden oben von Jesus erwähnten, sind die »Zehn Gebote«[15]. Der Stellenwert der Zehn Gebote im Christentum wird am Umfang dieses Themenkreises in den Katechismen, den Lehrbüchern des christlichen Glaubens, deutlich. Der Katechismus der Katholischen Kirche räumt ihnen 108 Seiten ein, der Heidelberger Katechismus die Fragen 92-115. Im Christkatholischen Katechismus ist von den drei Teilen der ganze zweite Teil diesem Thema gewidmet.
Aber ist die Bibel Wort für Wort von Gott diktiert und damit ein unveränderliches Gesetz oder ist sie »nur« ein Geschichts- und Geschichtenbuch? Obwohl es im Christentum solche extremen und gegenteiligen Einschätzungen gibt, sind sich doch alle über die große Bedeutung der Zehn Gebote einig, die bis in die weltliche Gesetzgebung hinein Auswirkungen haben. Wenn die Zehn Gebote auch den geschichtlich-gesellschaftlichen Gegebenheiten seiner unmittelbaren Empfänger, den Christen der ersten Jahrhunderte, angepasst sind, enthalten sie doch zeitlos gültige Forderungen.[16]

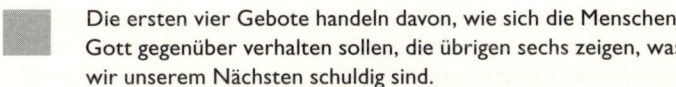

Die ersten vier Gebote handeln davon, wie sich die Menschen Gott gegenüber verhalten sollen, die übrigen sechs zeigen, was wir unserem Nächsten schuldig sind.

Da die Zehn Gebote die christlichen Umgangsformen prägen und bestimmen, sollen sie, soweit sie unser Thema betreffen, hier in einer Kurzform vorgestellt und kommentiert werden. Bei der Zählung der Gebote gibt es im Judentum und in den christlichen Kirchen unterschiedliche Traditionen, aber der Inhalt ist der gleiche. Wir richten uns hier nach der Zählung, die der Heidelberger Katechismus und die Zürcher Bibel verwenden.

1. Du sollst keine andern Götter neben mir haben

Zur Zeit Mose hatte dieses Gebot eine klare Bedeutung, verehrten doch die Völker, die Israel umgaben, andere Götter. Mit diesem Gebot wurde der Exklusivanspruch des biblischen Gottes erhoben. Dieses Gebot hat Auswirkungen auf das Zusammenleben mit Menschen, die nicht einer monotheistischen Religion angehören, also einer Religion, die nur einen Gott kennt. Fromme Christen sehen daher zum Beispiel dieses Gebot durch die zahlreichen Götter der Hindus verletzt.

 Für Christen gilt als unverrückbar, dass es nur einen Gott gibt, der sich in den Geschichten der Bibel offenbart und dessen Sohn Jesus Christus ist.

Im Umgang der Religionen miteinander ist die Frage schwierig zu lösen, ob Kirchen auch für nichtchristliche Gottesdienste zur Verfügung gestellt werden dürfen.[17] Die Meinungen hierzu gehen weit auseinander. Für manche Christen ist damit dieses erste Gebot verletzt.

Hier ist eine Unterscheidung von Kirchenräumen, die für Gottesdienste verwendet werden, und übrigen Kirchenräumen oft hilfreich. Das heißt, dass in den eigentlichen Kirchenräumen nur christliche Gottesdienste erlaubt werden. Pfarreisäle und andere Räume können aber zur Verfügung gestellt werden. Auf diese Weise dürfen Hindus in diesen Räumen heiraten oder das Pubertätsfest begehen, Muslime das Ramadan- und das Opferfest feiern oder sogar regelmäßig das Freitagsgebet abhalten.

An dieser Frage entzünden sich die Gemüter, weil zwei Werte aufeinanderstoßen. Eine Universallösung gibt es nicht. Wenn wir aber das Gebot der Nächstenliebe beachten, sollten wir auch hier eine Lösung finden.

Im Zweifelsfall jedoch ist zu empfehlen, dass diejenigen, die dieser Fragestellung offener gegenüberstehen, denjenigen entgegenkommen, die das erste Gebot strenger auslegen. Die eigenen kirchlichen Räume sollten dann anderen Religionen nicht zur Verfügung gestellt werden. Gastfreundschaft gegenüber den Fremden ist wichtig und gut, aber nicht, wenn dabei innerkirchlich derart viel Porzellan in die Brüche geht.

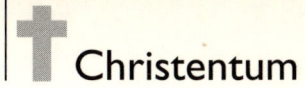

2. Du sollst dir kein Gottesbild machen

Wenn wir eine Barockkirche betrachten, ist von der Einhaltung dieses Gebotes auf den ersten Blick nicht viel zu bemerken. Die christliche Verehrung heiliger Bilder gilt aber nicht den Bildern selbst, sondern den darauf dargestellten Personen.[18]

Der katholische Klerus, also die Gesamtheit der katholischen Geistlichen, beschäftigte sich auf mehreren Konzilen (das sind kirchliche Versammlungen, in denen Fragen zur kirchlichen Lehre beraten werden) mit der Frage der Bilderverehrung.[19] Die christliche Bilderverehrung widerspricht aus Sicht der römisch-katholischen Kirche nicht dem ersten Gebot, das Götzenbilder verbietet. Denn »die Ehre, die wir einem Bild erweisen, geht über auf das Urbild«, und »wer das Bild verehrt, verehrt in ihm die Person des darin Abgebildeten«. Die Ehre, die wir den heiligen Bildern erweisen, ist eine »ehrfürchtige Verehrung«, keine Anbetung; diese steht allein Gott zu.[20]

Während der Reformation kam es zum »Bildersturm«. Anhänger der Reformation, die in den heiligen Bildern einen Verstoß gegen das zweite Gebot sahen, zogen plündernd von Kirche zu Kirche und zerstörten unzählige Bilder und Kunstwerke, sodass heute einige historische Kirchen praktisch bis auf die eigentliche Bausubstanz leer sind.

Das Kreuz ist ein zentrales christliches Symbol. Ein Kruzifix, also ein Kreuz mit dem plastisch modellierten Körper von Christus, gilt für viele evangelische Christen als typisch katholisches Symbol, das sie im Gegensatz zu den Lutheranern eher ablehnen. Zudem ist für sie nicht der Tod am Kreuz, sondern die Auferstehung als die zentrale Aussage entscheidend. So ist der am Kreuz hängende Christus nicht das bevorzugte Symbol der evangelischen Christen.

Evangelische Christen stellen sich im Zusammenhang mit dem zweiten Gebot auch die kritische Frage nach der Verwendung des Kruzifixes. Ist es ein Bekenntnis oder ein Schutzamulett? Als Bekenntnis können sie es akzeptieren, sobald es aber als wirkungsvolles Zeichen gebraucht wird, sehen sie darin magisches Denken.

Strenge Calvinisten und Evangelikale lehnen jede bildliche Darstellung ab. Für sie gibt es nur das Wort Gottes, die Bibel.

Wie auch unsere Einstellung zum Kreuz oder Kruzifix sein mag: Bringen wir diesem Symbol Respekt entgegen – aus Achtung vor dem Glauben und den Gefühlen der Menschen, denen es heilig ist.

3. Du sollst den Namen des Herrn, deines Gottes, nicht missbrauchen

Aus Furcht, den Namen Gottes zu missbrauchen, sprechen ihn die Juden überhaupt nicht aus und lesen anstelle des hebräischen JHWH »Adonai«, Herr. Sittlich unrichtig ist ehrfurchtsloses Sprechen von Gott, auch wenn es nur aus gedankenloser Gewohnheit geschieht. In der Bibel wird die Gotteslästerung als Gipfelpunkt der Widergöttlichkeit gekennzeichnet, auf die die Todesstrafe steht.[21] Das Fluchen steht bei uns glücklicherweise nicht unter Todesstrafe, verletzt aber die Gefühle vieler Gläubiger. Auch wenn unsere Sprache durchaus umgangssprachlich sein kann, sollten Flüche gegenüber Gott nicht zu unserem Sprachgebrauch gehören. In den Niederlanden gibt es einen Bund gegen das Fluchen, der mit Plakataktionen auf den Bahnhöfen eine Verhaltensänderung erreichen will. Er will das Fluchen sogar unter Strafe stellen lassen. Auch das Kirchenrecht geht gegen Gotteslästerung mit Strafen vor. Wenn jedoch staatliche Gesetze derartige Strafbestimmungen enthalten, dann soll verhindert werden, dass den Religionen und deren Gläubigen Schaden zugefügt wird.[22]

Christen, die ihren Glauben halbwegs ernst nehmen, bemühen sich, nicht zu fluchen. Höfliche Menschen, auch wenn sie sich nicht als Christen verstehen, verwenden um des friedlichen Zusammenlebens willen nur solche Kraftwörter, die andere in ihrem Glauben nicht verletzen.

4. Gedenke des Sabbattages, dass du ihn heilig haltest

Nach der Schöpfungsgeschichte erschuf Gott die Welt in sechs Tagen und ruhte am siebenten Tag. Gott gab den Menschen den Auftrag, das ebenso zu tun. Dies ist eine exklusive kulturelle Errungenschaft.

In der Zeit der Urchristen heiligten Judenchristen anfänglich den Sabbat (Samstag), am Sonntag fand jeweils ein Gottesdienst zur Erinnerung an die Auferstehung Christi statt. Konstantin der Große verordnete im Jahr 321 die Sonntagsfeier als Gesetz.

Auch heute gibt es einige freikirchliche Gemeinden, die immer noch oder wieder am Sabbat als Ruhetag festhalten. Diese Frage lassen wir offen, da es hier nur um den Ruhetag an sich geht. Der Grund-

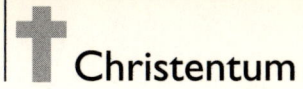

satz bleibt der gleiche, nämlich dass auf sechs Tage Arbeit als sieb-
ter Tag ein Ruhetag folgt.

In der römisch-katholischen Kirche wurde der Sonntagsgottesdienst
durch kirchliches Gesetz zur Pflicht erklärt.[23] Diese Pflicht wurde in der Reformation von den reformierten Kirchen übernommen.
Mit der Sonntagsheiligung wurde die Pflicht zur Enthaltung von
vielen Tätigkeiten verbunden. Das wurde auch in vielen unserer
weltlichen Gesetzen übernommen und festgeschrieben. Die christlichen Werte verschoben sich auf diese Weise immer mehr zu Forderungen zum Schutz der arbeitenden Bevölkerung.

Zurzeit gibt es in der Öffentlichkeit große Bemühungen, diese Gesetze zu liberalisieren. So soll es erlaubt werden, dass Geschäfte auch
am Sonntag geöffnet haben. In Deutschland hat das Bundesverfas-
sungsgericht allerdings nachdrücklich bestätigt, dass die Garantie der
Sonntagsruhe weiterhin gilt.[24]

Obwohl die Kirchen immer leerer werden, gilt der Sonntag als Ruhetag, an dem Christen in den Gottesdienst gehen sollten. In Freikirchen wird das noch intensiv gepflegt. Der Beitritt zu einer Freikirche
ist, wie der Name sagt, freiwillig. Die Teilnahme am sonntäglichen
Gottesdienst wird aber erwartet. In der römisch-katholischen Kirche
besteht nach wie vor die Verpflichtung zur Teilnahme an der Mess-
feier. Sie wurde aber abgeschwächt, indem sie auch am Vorabend
gefeiert werden darf.[25]

Im katholischen Katechismus heißt es: »Die Christen sollen darauf
hinwirken, daß die Sonntage und kirchlichen Feiertage als gesetzli-
che Feiertage anerkannt werden, wobei sie die Religionsfreiheit und
das Gemeinwohl aller zu achten haben. Sie sollen allen ein öffent-
liches Beispiel des Gebetes, der Ehrerbietung und der Freude geben
und ihre Überlieferungen als einen wertvollen Beitrag zum geistlichen Leben der menschlichen Gesellschaft verteidigen. Falls die
Gesetzgebung des Landes oder andere Gründe zur Sonntagsarbeit
verpflichten, soll dieser Tag dennoch als der Tag unserer Erlösung
gefeiert werden, der uns an der ›festlichen Versammlung‹, an der
›Gemeinschaft der Erstgeborenen, die im Himmel verzeichnet sind‹,
teilnehmen lässt.«[26]

Auch bei weniger strenggläubigen christlichen Familien ist der Sonntag eher ein Ruhe- und Familientag, deshalb wird zum Beispiel an
diesem Tag kein Großputz veranstaltet. So gilt es als unhöflich, jemanden am Sonntag mit Geschäften zu belästigen. Christen, die für

sich den Sonntag als Ruhetag pflegen, werden sich hüten, andere ohne Notwendigkeit zu etwas zu verpflichten, das sie hindern würde, den Tag des Herrn zu begehen.

5. Ehre deinen Vater und deine Mutter

Wenn wir als Kinder nicht »lieb« waren, diente dieses Gebot als Drohgebärde: Siehst du, Gott will auch, dass du zu den Eltern anständig bist! Tatsächlich richtet sich dieses Gebot aber nicht an die Kinder, sondern an die mittlere Generation, die sich um ihre älter werdenden Eltern kümmern sollte.

Wenn heute im Sinne wirtschaftlichen Denkens ältere Menschen als »nutzlos« gelten, dann zeigt sich, welchen Wert dieses biblische Gebot hat.

Es ernst zu nehmen heißt aber nicht, dass es beispielsweise genügt, in der Kirchengemeinde einen Seniorennachmittag pro Monat anzubieten. Wir kommen beim Abschnitt *Kirche* noch einmal darauf zurück.

6. Du sollst nicht töten

Die Achtung des menschlichen Lebens gehört zu den elementarsten Grundregeln des Zusammenlebens. Hier ist es als göttliches Gebot festgeschrieben. »Haben wir das Gebot schon erfüllt, wenn wir unsere Nächsten nicht töten?«, so lautet die Frage 107 des Heidelberger Katechismus, und so die Antwort: »*Nein; denn indem Gott Neid, Haß und Zorn verdammt, will er von uns haben, daß wir unseren Nächsten lieben wie uns selbst (Mt 7,12; 22,39), ihm gegenüber Geduld, Frieden, Sanftmut (Eph 4,2; Gal 6,1.2; Mt 5,9; Röm 12,18), Barmherzigkeit (Mt 5,7; Lk 6,36) und Freundlichkeit (Röm 12,10.15) erweisen, seinen Schaden, soviel uns möglich, abwenden (2. Mose 23,5) und auch unseren Feinden Gutes tun.*«[27]

Der Katechismus der Katholischen Kirche weitet dieses Gebot aus: »*Daß die menschliche Gesellschaft mörderische Hungersnöte hinnimmt, ohne sich um Hilfe zu bemühen, ist ein empörendes Unrecht und eine schwere Verfehlung. Händler, die durch wucherische und profitgierige Geschäfte ihre Mitmenschen hungern und sterben lassen, begehen indirekt einen Mord; für diesen sind sie verantwortlich.*«[28]

In einem Knigge der Religionen braucht dieses Gebot kaum näher behandelt zu werden.

 Dieses und die nächsten vier Gebote sind nicht nur christliche Werte, sondern Grundsätze für alle Menschen, um friedlich zusammenleben zu können.

7. Du sollst nicht ehebrechen

Sexuelle Freizügigkeit war in der westlichen Gesellschaft vor dem Ausbruch der Krankheit Aids beinahe schon eine Selbstverständlichkeit. Eine sich aufgeklärt gebende »neue Moral« wirbt um das Verständnis für die sexuelle Betätigung Verheirateter über den Rahmen der Ehe hinaus: Der Mensch brauche Abwechslung. Ehepartner, die einander solche Freiheit zugestehen, zeigten eine großzügigere Auffassung, während die Ablehnung des Ehebruchs engem Besitzdenken entspringe.[29] Nach der christlichen Moral wird der Ehebruch abgelehnt. Jesus ging in seiner Forderung über das siebte Gebot hinaus und war sogar gegen das ehebrecherische Begehren[30], das heißt, gegen den Ehebruch in Gedanken. Das Gebot »Du sollst nicht ehebrechen« ist ein großer Ausdruck des Respekts vor dem anderen.

8. Du sollst nicht stehlen

Auch die weltlichen Gesetze haben die Achtung des Besitzes und die Ächtung des Diebstahls als Wert festgeschrieben.
»*Er [Gott] verbietet nicht nur den Diebstahl und Räuberei, welche die Obrigkeit straft, sondern Gott nennt auch Diebstahl alle bösen Pläne und Taten, womit wir unseres Nächsten Gut gedenken an uns zu bringen, es sei mit Gewalt oder Schein des Rechtes, etwa mit unrechtem Gewicht, Ware, Münzen, Wucher oder durch jegliches Mittel, das von Gott verboten ist, dazu auch allen Geiz und unnütze Verschwendung seiner Gaben.*«[31]
Es gibt mehrere Vereinigungen christlicher Geschäftsleute, die sich darum bemühen, ihren christlichen Glauben und das Geschäft nicht voneinander zu trennen. Das heißt, dass sie sich darauf besinnen, dass wir »da oben noch einen über uns haben«, wie sich ein Geschäftsmann ausdrückte. Oder anders gesagt: Der Christ ist in

seinem Leben bestrebt, die Güter dieser Welt auf Gott und die Geschwisterliebe hin auszurichten.[32]

9. Du sollst nicht falsches Zeugnis reden wider deinen Nächsten

Vor Gericht als Zeuge auszusagen und dabei die Unwahrheit zu sprechen, steht unter Strafe, so besagt es das Strafgesetzbuch. Eigentlich sind die Zehn Gebote, die vor einigen tausend Jahren geschrieben worden sind, recht modern, enthalten sie diese Forderung doch auch.

Jesus selbst geht auch hier ein Stück weiter und verlangt, dass wir nicht nur nicht falsch, sondern gar nicht schwören.

»Vielmehr sei eure Rede: ›Ja, ja; nein, nein.‹ Was darüber ist, das ist vom Bösen.« (Mt 5, 37)

Für unser Zusammenleben wäre es sicherlich hilfreich, wenn wir auch diese Forderung häufiger beherzigen würden.

10. Du sollst nicht begehren deines Nächsten Hab und Gut

Dieses Gebot untersagt eine Gesinnung der Habgier, des Neides, der Selbstsucht, kurzum: eines nicht gerechtfertigten Anspruchsdenkens. Natürlich dürfen wir Besitz haben, uns an einer schöner Wohnung, einem Haus oder einem guten Einkommen erfreuen. Auch Erfolg und Ansehen sind legitime Ziele menschlichen Handelns. Wir leben jedoch dann verkehrt und steuern am Sinn des Lebens vorbei, wenn Geld und Gut zum Selbstzweck werden.

Die Bergpredigt

So wie die Zehn Gebote von Mose auf einem Berg empfangen wurden, sind die wesentlichen Inhalte der Lehre Jesu in der Bergpredigt überliefert. Die Bergpredigt[33] ist also eine Weiterführung der Zehn Gebote.

Jesus sagte: *»Meinet nicht, dass ich gekommen sei, das Gesetz oder die Propheten aufzulösen, sondern zu erfüllen.«* (Mt 5, 17)

Die extremste Forderung ist dabei die der Feindesliebe.[34] Leider ist das nach meiner persönlichen Erfahrung mehr ein theoretischer als ein praktischer oder praktizierter Wert. Die gelebte Nächsten- und

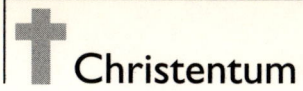

Feindesliebe würde die Erde wohl zum Paradies machen. Zumindest theoretisch ist das also ein anerkannter christlicher Wert.

Das Buch der Sprüche

Im Alten Testament finden wir einen Teil, der mit dem Titel »Die Sprüche« betitelt ist. Darin finden sich allgemeine Lebensregeln. So gesehen ist das Buch der Sprüche ein allererster Knigge.[35] Obwohl – oder gerade weil – dieser Teil der Bibel nicht unbedingt zu den häufig gelesenen gehört, kann er als Fundgrube für Regeln unseres Zusammenlebens dienen.

Christliche Umgangsformen

Die christlichen Kirchen sind in den Kulturen wesentliche Träger des Gemeinschaftssinnes. Bei der Darstellung der christlichen Umgangsformen begeben wir uns zwangsläufig auf eine Gratwanderung, bestehen doch trotz aller Gemeinsamkeit im Glauben große Unterschiede im Leben der Gläubigen der verschiedenen Religionsgemeinschaften. Dass es dabei je nach Region und im Vergleich von Stadt und Land verschiedene Bräuche gibt, macht das Ganze nicht einfacher. In den letzten dreißig Jahren sind die Mitgliederzahlen der großen Kirchen im deutschsprachigen Raum sehr stark zurückgegangen. Mit der zunehmenden Säkularisierung haben christliche Normen immer mehr an Gewicht verloren. Der Journalist Claus Jacobi schreibt: *»Die Wurzel des Übels: Wir haben keine moralischen Instanzen mehr, die allgemein anerkannt werden und uns verbindlich lehren, was richtig und was falsch ist. Der Einfluss der Kirchen nimmt ab.«*[36]

Was noch vor wenigen Jahren selbstverständlich war, ist heute nahezu unbekannt geworden. Im Gegenzug sucht eine kleine Zahl von Menschen nach verbindlichen Strukturen und Werten. Sie finden sie entweder in einer evangelikalen Gemeinde oder in einer konservativen katholischen Organisation.

Im Folgenden beschränke ich mich auf die römisch-katholische Kirche und die evangelischen Kirchen. In einiger Hinsicht sollen die orthodoxen Kirchen und die evangelikalen Gemeinden berücksichtigt werden.

Toleranz

»Die Wirklichkeit selbst nämlich, die man heute als christliche Religion bezeichnet, bestand auch schon bei den Alten, ja, sie fehlte niemals seit Beginn der Menschheit, bis dass Christus im Fleische kam; seither begann man lediglich, die wahre Religion, die schon immer bestand, die christliche zu nennen.« (Augustin, Retractationes I, Kapitel 12,3)

Zum Grundgedanken der Toleranz gehört der Respekt vor der Verschiedenartigkeit der Wege, die zum Größeren hinführen.

Wer über den Glauben eines anderen Menschen lacht, zeigt damit, dass ihm das Minimum an Anstand fehlt, das nötig ist, um friedlich zusammenleben zu können.

Es verlangt niemand, dass wir die Glaubensansichten anderer übernehmen oder leben wie sie. Aber mit Achtung begegnen können wir allen Menschen, seien sie nun Muslime, Hindus, Katholiken oder gar »Sektierer«. Diese Sätze haben Sie schon gelesen. Weil mir der Inhalt sehr wichtig ist, wiederhole ich sie hier.

Unter dem Begriff »Toleranz« finden wir im Duden die Erklärung »Duldung, Duldsamkeit«. Dies ist aber nur ein Teil dessen, was im Bereich Religion nötig ist. Soll eine Gemeinschaft bestehen und gedeihen können, ist Toleranz – das heißt Duldsamkeit (lat. tolerare = dulden) – in gewissem Ausmaß notwendig.[37]

Gegenüber Hindus und Buddhisten ist es relativ einfach, tolerant zu sein, weil uns ihre Religionen nicht bedrohen. Sie sind uns zu fremd. Durch ihre Andersartigkeit tragen sie zur Farbigkeit in unserer Gesellschaft bei. Mancherorts werden Hindus in Kirchen eingeladen, im Gottesdienst Elemente aus ihrer Tradition beizusteuern.

Schwieriger ist es mit der Toleranz innerhalb der christlichen Kirchen und Religionsgemeinschaften. Die gelegentlichen oder sogar regelmäßigen ökumenischen Gottesdienste, also der gemeinschaftliche Gottesdienst von Katholiken und Protestanten, gehören vielerorts bereits zur Tradition. Ob sich dadurch die römisch-katholische Kirche und die evangelische Kirche näher gekommen sind, darüber gehen die Meinungen auseinander. Aber immerhin, diese Gottesdienste gibt es bereits. Allerdings besteht trotzdem eine große Spannung zwischen den Konfessionen. So ist eine »Interkommunion«, also eine gemeinsame Abendmahlsfeier von römisch-katholischen und evangelischen Christen, vom Vatikan verboten worden.[38]

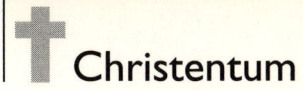

Nehmen wir als tolerante Menschen die Unterschiede, wie sie sind, und betonen wir das Gemeinsame!

Nähe und Distanz

Was gilt als höflich? Was ist taktlos? Grundsätzlich gelten in den katholischen und den evangelischen Kirchen ähnliche Regeln wie im weltlichen Leben. Umarmungen und eine Begrüßung mit Küsschen, sind Freunden und nahe stehenden Menschen vorbehalten. Damit ich mich wohl fühle, muss ich so viel Distanz, wie nötig ist, zu meinem Mitmenschen haben. Diese Distanz können wir nicht in Zentimetern oder Ähnlichem messen. Sie ist individuell und hängt auch von der jeweiligen Stimmung ab. Wenn ich zum Beispiel zum ersten Mal einem Mann begegne, der mir gleich auf die Schulter klopft und mich umarmt, empfinde ich das als unangenehm. Von einer Frau kann das gleiche Verhalten sogar als plumper Annäherungsversuch oder gar als Belästigung aufgefasst werden.

Wenn wir in einer Gemeinde neu sind, halten wir uns an die Regeln, die allgemein üblich sind, indem wir uns freundlich, aber zurückhaltend verhalten und eine gewisse räumliche Distanz zu uns unbekannten Menschen einhalten. Auch die Begrüßung richtet sich nach den üblichen Regeln.

Aus dem »Herr Pfarrer« wurde in manchen Kirchen ein »Herr Meier« oder gar ein »Werner« oder »Franz«, wenn unter der Stammgemeinde allgemein das Du und der Vorname die normale Anredeform sind. Dies hat seine Ursache in der oft engen Zusammenarbeit innerhalb der Gemeinde bei den verschiedensten Gelegenheiten. Hier wirkt das Du dann auch nicht distanzlos.

Besonders für ältere Gemeindeglieder wirkt das Duzen aber oftmals immer noch befremdlich. Sie fühlen sich durch das Duzen der anderen ausgeschlossen. Als die Älteren könnten sie aber die Initiative ergreifen und sich bei der nächsten Gelegenheit mit dem Vornamen vorstellen. Manche möchten jedoch beim Sie bleiben. Auch das sollten wir respektieren.

In vielen Freikirchen wird ausschließlich das Du verwendet, unabhängig vom Lebensalter oder der Dauer der Gemeindezugehörigkeit. Dadurch verliert die Anrede das Gewicht, das ihr sonst gesellschaftlich zukommen kann. Das sehe ich zum Beispiel bei meiner Mutter, die im Altersheim ganz bewusst niemanden duzt. In der dem Altersheim angeschlossenen Kapelle, einer evangelischen Freikirche, ist sie aber mit allen per Du.

Wenn wir einen landeskirchlichen Gottesdienst besuchen, müssen wir uns meistens nicht mit den soeben geschilderten Problemen beschäftigen, da die meisten Besuchenden direkt einen Platz aufsuchen, ohne noch irgendwie Konversation zu pflegen. Die richtige Distanz zu finden ist aber auch beim Sitzen in der Kirche nicht so einfach. Das merken wir, wenn wir in einer uns fremden Kirche zu Besuch sind. Wenn wir uns in die hinterste Reihe setzen, grenzen wir uns ab, setzen wir uns aber direkt neben jemanden, kann das als distanzlos aufgefasst werden. Der Außenplatz in der Bankreihe gewährt oft die richtige Distanz, sorgt aber bisweilen für Ärger, weil jene, die in die gleiche Reihe möchten, an uns vorbei müssen.

 Da die Gebräuche von Kirche zu Kirche auch innerhalb der gleichen Konfession sehr verschieden sein können, bleibt uns nichts anderes übrig, als beim Betreten der Kirche zu beobachten, wie sich die anderen verhalten, um so etwas über die örtlichen Gebräuche zu erfahren.

So konnte ich in einer Kirche beobachten, dass sich die nur etwa dreißig Besucherinnen und Besucher über beinahe gleich viele Bankreihen verteilten. In anderen Kirchen hingegen ist es üblich, dass zuerst die ersten drei Reihen aufgefüllt werden, bevor neue Reihen begonnen werden.

Begrüßen wir die anderen Besucherinnen und Besucher? Schön wäre es, wenn wenigstens diese Frage eindeutig beantwortet werden könnte. Noch vor etwa dreißig Jahren wäre die Antwort ein klares Nein gewesen, da in der Kirche eine Beschäftigung mit jemand anderem als Gott als Sakrileg galt. Man hat sich nach einem Gebet – kniend in der katholischen, stehend in der evangelischen Kirche – hingesetzt, ohne nach links oder rechts zu schauen.

Auch dazu haben sich die Gepflogenheiten geändert und es gibt durchaus unterschiedliche Ortsgebräuche. Oft ist zu beobachten, dass Neuankommende die bereits Sitzenden in der nächsten Umgebung mit Handschlag und einem freundlichen Lächeln oder Kopfnicken begrüßen. Ich persönlich finde dies sympathisch.

In vielen Kirchen gibt es auch den Brauch, dass der Pfarrer nach dem Gottesdienst am Ausgang steht und alle mit Handschlag verabschiedet.

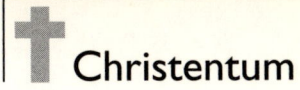

 Insgesamt gilt, dass man mit einem Lächeln oder Kopfnicken und einem behutsamen Verhalten in den meisten Fällen nichts falsch macht.

Die Rolle von Frau und Mann

Im Bereich der Politik laufen seit vielen Jahren die Diskussionen und berechtigten Forderungen nach Frauenrechten. In meiner Heimat, der Schweiz, erhielten die Frauen erst vor rund dreißig Jahren das Stimmrecht. In den Regierungen sitzen immer noch vorwiegend Männer.

Im religiösen Bereich sieht es nicht besser aus, allerdings gibt es hier große Unterschiede. Das Amt einer evangelischen Pastorin oder Pfarrerin ist heute bereits normal, hingegen ist in der römisch-katholischen Kirche die Frauenpriesterschaft noch immer kein Thema. Ebenso verhält es sich in den orthodoxen Kirchen. Auch die Mehrheit der evangelischen Freikirchen erlauben den Frauen nur soziale und dienende Funktionen. Das Umdenken hat erst zaghaft eingesetzt, aber es gibt doch schon evangelikale Pastorinnen, weibliche Älteste und Diakoninnen. In ehrenamtlichen Tätigkeiten sind allerdings mehr Frauen als Männer aktiv.

Wenn wir als Gäste in einer Kirche zu Besuch sind, gehört es zum guten Ton, keine Diskussionen über das Für und Wider des Frauenpriesteramtes zu führen. Das sollte selbstverständlich sein, da wir uns als Gäste zurückhaltend benehmen.

Dass wir einen Pastor oder Pfarrer entsprechend anreden, ist selbstverständlich. Also mit »Herr Pfarrer« oder »Herr Pastor«. Hingegen sind wir leicht unsicher, wie wir die Pastorin oder Pfarrerin anreden sollen. Meist werden sie heute als »Frau Pastorin« oder »Frau Pfarrerin« angesprochen, sofern nicht überhaupt die Titel bei allen Anreden weggelassen werden. Wenn es möglich ist, können wir vorher fragen oder beobachten, wie es die örtlichen Gemeindemitglieder halten. »Das Fräulein ist tot, es lebe die Frau!«, war das Motto der Achtzigerjahre. Dies gilt auch heute noch. Es gibt also kein »Fräulein Pfarrer« oder »Fräulein Pastorin«.

Bei den evangelischen Diakonissen, den katholischen Klosterfrauen und den Angehörigen ökumenischer Kommunitäten wird aber immer noch die traditionelle Anredeform benutzt. Diese lassen sich nach wie vor als »Schwester« und mit dem Vornamen anreden. Zu beachten ist, dass viele bei der Weihe einen anderen Namen erhalten haben und der ursprüngliche Taufname nicht mehr verwendet wird.

Die Begegnung zwischen den Geschlechtern ist in unseren Breitengraden relativ unbefangen. In den Kirchen im deutschsprachigen Raum gibt es keine Vorschriften mehr, wo gesessen werden soll und darf. Das heißt, die Frauen- und Männerseiten sind abgeschafft, sodass Paare zusammen sitzen können. Zärtlichkeiten hingegen haben ihren Platz allein außerhalb der Kirchenräume.

Der christliche Kleiderknigge

Auf der Straße finden wir die ganze Palette an Kleidung. Sie reicht von Anzügen mit Krawatte bei Männern, Rock mit Mantel bei Frauen bis zu Jeans oder Shorts bei beiden Geschlechtern und allen Altersstufen.

Auch auf den Köpfen sieht es ähnlich vielseitig aus. Die Frisuren reichen von Dauerwellen oder gescheitelten Haaren bis zur Löwenmähne oder kahl rasierten Köpfen. Brauchte es in meiner Jugend wenig, um aufzufallen und die Erwachsenen in Rage zu bringen, ist die Reizgrenze heute sehr hoch. Eigentlich ist alles möglich. Wie »man« oder »frau« sich kleidet, braucht uns grundsätzlich nicht zu interessieren, ist doch unser Thema der Knigge der Religionen. Aber gibt es denn auch »christliche Kleidung«? Noch in den Fünfzigerjahren wäre diese Frage mit einem klaren Ja beantwortet worden, zumindest soweit es die Frauen betraf. Christliche Frauen trugen keine Hosen, außer zum Skilaufen, weil Frauen keine Männerkleidung tragen sollen. Vor allem evangelische Frauen trugen ihre langen Haare zu einem Dutt, einem Haarknoten, gebunden. Für den Gang zur Kirche kam bei allen Konfessionen ein Hut oder ein Kopftuch dazu. Eine Frau, die Dauerwellen trug, kam damals schnell in den Ruf, eine »leichte« Frau, d.h. eine Prostituierte zu sein, ohne dass sie auch noch geschminkt gewesen wäre.

Das äußerliche Erkennungszeichen evangelischer Frauen und Männer ist das so genannte Hugenottenkreuz, katholische Frauen und Männer tragen ein gewöhnliches Kreuz. Das Tragen des Kreuzes ist allerdings stark zurückgegangen. War es früher ein Muss, ist es heute ein freiwilliges Bekenntnis. Evangelikale Christen tragen oft das urchristliche Symbol des Fisches am Revers.

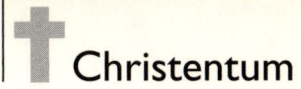

Wie wir uns in den Kirchen kleiden sollten, behandeln wir weiter unten. Generell gilt jedoch, dass es schon sehr viel braucht, um – auch
aus christlicher Sicht – falsch angezogen zu sein oder gar Anstoß zu
erregen. Die Ausnahmen finden wir bei konservativen Katholiken
und in Minderheitsgemeinschaften, so zum Beispiel in einzelnen
evangelikalen Gemeinden. Sie vertreten die Ansicht, dass die nach
ihrer Meinung biblischen Kleidervorschriften vor allem für Frauen
auch heute noch Gültigkeit haben. So kann es sein, dass wir in entsprechenden Gottesdiensten nur Frauen in langen Röcken und mit
ungeschnittenen Haaren antreffen, so zum Beispiel im »Evangelischen Brüderverein«[39] oder bei den »Christlichen Versammlungen«[40].
Freikirchler dürfen alles tragen, von Jeans und Shorts bis zu förmlicher Kleidung wie Anzug und Krawatte. Nach meinen Beobachtungen hängt der Kleiderknigge gerade in Freikirchen erstaunlich stark
von der sozialen Schicht oder den Berufen der Gemeindemitglieder
ab. Obwohl Christen, ganz besonders evangelikale Christen, die
Gleichheit der Menschen betonen, gibt es manche Freikirchen, in denen sich die soziale Schicht oder die Berufe der Gemeindemitglieder
deutlich in deren Kleidung widerspiegeln. Sind es vor allem Handwerker, ist die Kleidung eher förmlich. Akademiker und andere,
die Anzug und Krawatte als Berufskleidung tragen, bevorzugen am
Sonntag oft lockerere Kleidung. Wer den jeweiligen Kleiderknigge nicht kennt, ist im Zweifelsfall mit eher förmlicher Kleidung nie
ganz falsch angezogen.
Die Zeugen Jehovas gelten als sehr konservativ. Allerdings äußert
sich dieses nicht unbedingt in der Kleidung der Frauen, die durchaus modisch sein kann, solange diese nicht aufreizend ist. Im Alltag
wird jede Kleidung akzeptiert, bei Versammlungen hingegen tragen
die Männer Anzug und Krawatte, die Frauen überwiegend Röcke.
Der Kleiderknigge spiegelt in diesem Fall die Wertschätzung Jehovas
wieder, wie es ausgedrückt wird.

 Eine richtige oder falsche »christliche Kleidung« oder gar eine »un-
christliche Kleidung«, zumal im Alltagsleben, gibt es also nicht. Lediglich eine übertriebene Zurschaustellung körperlicher Reize wird
nicht gern gesehen.

Allerdings gelten – unabhängig von Konfession und Religionszugehörigkeit – gewisse Regeln für die Kleidung, die beim Besuch eines

Gottesdienstes und beim Betreten von Kirchenräumen getragen werden. Hierauf wird im Kapitel *In der Kirche* näher eingegangen.

Zu Besuch in einer Familie

Vor allem in der Stadt, aber auch auf dem Land kann man bei einheimischen Christen kaum noch konfessionsbedingte Unterschiede
feststellen. Und doch bestehen sie noch. Dies sehen wir, wenn wir
eine Wohnung betreten.

In einer protestantischen Wohnung finden wir vielleicht an der Wand
die »Betenden Hände« von Dürer, einen Kalender mit Bibelzitaten
oder ein Bild mit einem religiösen Motiv. In katholischen Familien
gibt es manchmal eine »fromme Ecke« oder einen »Herrgottswinkel« mit einem Kruzifix, Heiligenbildern und einem Armeseelenlicht.
An der Wand hängt ein Weihwassergefäß. Meist hängt darüber oder
über einem Heiligenbild ein Palmzweig vom Palmsonntag.

**Alle diese religiösen Bilder und Gegenstände sollten mit Respekt
behandelt werden.**

In vielen christlichen Familien wird vor dem Essen ein Tischgebet
und nach dem Essen ein Dankgebet gesprochen. Manche singen gemeinsam ein Lied. Als Gäste machen wir beim Tischgebet oder dem
Gesang mit oder bleiben ruhig sitzen. Wir fangen erst mit dem Essen
an, wenn wir von den Gastgebern dazu aufgefordert werden. Ebenso
verlassen wir den Tisch erst, nachdem die Gastgeber dies zu verstehen geben.

Die Hände vor dem Essen zu waschen, ist für viele Menschen aus
hygienischer Sicht selbstverständlich. Für viele Christen ist dieses
aber eine religiöse Erfordernis.

Christen kennen kaum Speisegebote, wie sie in der jüdischen und in
anderen Religionen beachtet werden. Trotzdem gibt es einige wenige
Regeln, die bedacht werden sollten. Der Freitag ist bei vielen Familien in Erinnerung an den Karfreitag noch immer ein Tag, an dem es
kein Fleisch zu essen gibt. Ebenso gibt es einige Einschränkungen in
der Fastenzeit.

Unter evangelikalen und pietistischen Christen wird generell nicht
geschlemmt. Zeugen Jehovas halten sich an das biblische Gebot,
kein Blut zu sich zu nehmen. Dass sie daher auch Bluttransfusionen

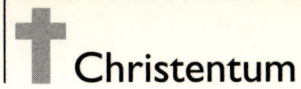

verweigern, ist bekannt. Sie meiden aber auch den Konsum von Blut-
plasma, das heißt, sie essen keine Wurstwaren, in denen dieser Stoff
enthalten ist: Blutwurst, Aufschnitt und andere Wurstarten. Wenn
Sie Zeugen Jehovas als Gäste bewirten, sollten Sie daran denken,
beim Einkauf darauf Rücksicht zu nehmen. Dank der Deklarations-
pflicht ist dies einfach geworden.

Die Adventisten, soweit sie nicht Vegetarier sind, halten sich weitge-
hend an die alttestamentlichen Speisegebote. Das heißt, dass sie unter anderem kein Schweinefleisch essen.

Es gibt nur wenige Christen, die aus religiösen Gründen auf Alkohol
verzichten, aber es gibt sie. Dazu gehören die Mitglieder der Heilsar-
mee und die Adventisten. Es gibt auch andere Angehörige von Minderheitsgemeinschaften, die keinen Alkohol trinken. Bei Protestanten
gilt, dass Mäßigkeit groß geschrieben und Angetrunkenheit nicht
gern gesehen wird. Deshalb sollten Gäste sich diesbezüglich zurückhalten. Die Mormonen, die sich selbst als die »Kirche Jesu Christi
der Heiligen der Letzten Tage« bezeichnen und verstehen, gehen
diesbezüglich noch einen oder sogar mehrere Schritte weiter, indem
sie nicht rauchen und auch auf den Genuss von Kaffee und schwar-
zem Tee verzichten.

 Als Gastgeber sollten wir Rücksicht auf religiöse oder auch andere
Eigenheiten nehmen. Auch hier gilt, dass man am besten einfach
fragt, wenn man sich nicht sicher ist, ob der Gast oder die Gäste
bestimmte Getränke oder Speisen ablehnen.

Umgekehrt gilt für Gäste, dass sie sich zurückhaltend verhalten und
religiöse Besonderheiten der Gastgeber respektieren.

Die Kirche: Heiliger Ort oder nur Versammlungsraum?

Die Kirchen waren immer Orte, in denen Menschen zusammen-
kamen. Allerdings gibt es hinsichtlich dieser Frage wichtige Unterschiede zwischen den katholischen und den evangelischen Kirchen.
Katholische Kirchen sind heilige Orte, die geweiht wurden und deshalb entsprechende Verhaltensregeln erfordern. Für Pfarreianlässe
neben den Gottesdiensten gibt es besondere Räume.

Seit der Reformation in der ersten Hälfte des 16. Jahrhunderts
haben sich hingegen viele evangelische Kirchen immer stärker zu

Mehrzweckgebäuden entwickelt. Die Unterschiede zwischen älteren evangelischen und neueren katholischen Kirchen sind allerdings zum Teil nur noch minimal. Evangelische Gemeindehäuser werden für Gottesdienste, Konzerte, Gemeindebasare und anderes genutzt. Innerhalb der evangelischen Kirchen besteht keine Einigkeit darüber, ob eine Kirche oder ein Gemeindehaus auch außerhalb der Gottesdienste ein heiliger Raum ist. Soll dieser Raum auch an Wochentagen offen sein, damit darin gebetet werden kann? Zum Teil wird immer noch über diese Frage gestritten. Die Kirchengemeinden finden Antworten und Lösungen. So kann in der gleichen Stadt der eine Raum tagsüber immer geöffnet sein, während der andere nur bei gemeinsamen Anlässen zugänglich ist.

In der Kirche

Wie man sich in einer Kirche benimmt, meinte ich voraussetzen zu können. Von Küstern, Sigristen und anderen Verantwortlichen wurde ich jedoch eines Besseren belehrt. Deshalb sollen hier die allgemeinen Benimmregeln, die in allen christlichen Kirchen auch außerhalb der Gottesdienste gelten, kurz angesprochen werden.
»Gott sprach: Tritt nicht heran! Ziehe die Schuhe von den Füßen; denn die Stätte, darauf du stehst, ist heiliges Land.« (2. Mose 3, 5)
Diesen Satz lesen wir in der Bibel. Er bezieht sich auf die Situation, als Gott Mose im brennenden Dornbusch erschienen ist. Obwohl der Vers also auf eine ganz bestimmte Konstellation bezogen ist, kann er in einem übertragenen Sinn auch auf die heutigen Kirchen angewendet werden.

 Ob wir selbst gläubig sind, ist nebensächlich. Da die Kirche für Gläubige ein Gotteshaus ist, sollten wir uns entsprechend rücksichtsvoll verhalten.

Männer und Frauen tragen korrekte, wenn möglich zurückhaltende Kleidung. Manche Kirchen kennen spezielle Kleidervorschriften. So ist es vor allem in katholischen Kirchen verboten, die Kirche mit ärmellosen oder bauchfreien Hemden, Blusen oder T-Shirts zu betreten. Shorts und Röcke, die das Knie unbedeckt lassen, werden ebenfalls nur sehr ungern gesehen. Gerade im Urlaub in südeuropäischen Ländern, vor allem im katholischen Italien und Spanien, kann es

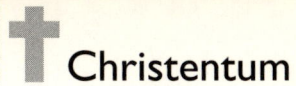

vorkommen, dass man in sommerlich kurzer Kleidung nicht in eine Kirche gelassen wird. Ein übergelegter Pullover oder ein umgebundenes Tuch signalisieren den nötigen Respekt. Man wird damit in den meisten Fällen Zutritt bekommen.

Auch schmutzige Schuhe haben in einer Kirche nichts verloren. Wenn wir auf einer Bergwanderung die schöne Dorfkirche besuchen, putzen wir die Schuhe wenigstens vor dem Betreten ab. Manche ziehen die Wanderschuhe einfach ganz aus und betreten die Kirche in Strümpfen. Männer ziehen in der Kirche den Hut oder die Mütze ab. Eine Ausnahme bilden religiöse Kopfbedeckungen. Juden behalten ihre Kipa, Sikhmänner ihren Turban auf dem Kopf.

Raucherinnen und Raucher müssen für diese kurze Zeit auf das Rauchen verzichten. In einer Kirche wird nie geraucht, nicht einmal dann, wenn es nach Weihrauch riecht.

In einer Kirche wird auch nicht gegessen, selbst wenn wir von einem Wolkenbruch überrascht werden und in der Kirche Unterschlupf suchen. Laute Unterhaltungen sollten auf die Zeit nach dem Besuch der Kirche verschoben werden. Auf möglicherweise anwesende Betende sollten wir besondere Rücksicht nehmen und es nach Möglichkeit ganz vermeiden, uns zu unterhalten.

Wenn wir fotografieren wollen, ist dabei Zurückhaltung geboten, und während des Gottesdienstes ist es ganz zu unterlassen. Leider musste in einigen historischen Kirchen ein Fotografieverbot angebracht werden, einerseits zum Schutz der Kunstwerke und andererseits, damit die Andacht der Betenden nicht gestört wird.

Dass wir aus der Kirche nichts mitnehmen, was nicht zum Mitnehmen bestimmt ist, sollte selbstverständlich sein. Das Gleiche gilt für zurückgelassene Abfälle, die in der Kirche nichts verloren haben.

In manchen historischen Kirchen gibt es neben dem gewöhnlichen Opferstock eine weitere Kasse für die Renovierung oder die Instandhaltung der Kirche. Selbstverständlich ist es freiwillig, etwas zu spenden, aber wenn uns die Kirche gefallen hat, können wir auf diese Weise einen kleinen Beitrag zum Erhalt dieses Kulturgutes beitragen.

Katholische und orthodoxe Kirchen

In katholischen Kirchen gibt es gegenüber evangelischen Kirchen einige besondere Merkmale und Verhaltensweisen, die wir beachten sollten. »*Diese sichtbaren Kirchen sind nicht einfach Versamm-*

lungsorte, sondern bezeichnen und bezeugen die Kirche, die an diesem Ort lebt, die Wohnung Gottes unter den in Christus versöhnten und geeinten Menschen.«[41]
Die Stufen, die zur Kirche führen und die es vielerorts noch gibt, sind als »Stolpersteine« zur Besinnung zu betrachten, damit wir uns vor dem Betreten des Hauses daran erinnern und uns darauf einstellen können, dass wir einen heiligen Raum betreten.[42]
In einer katholischen Kirche ist der Weihwasserbehälter, den es in evangelischen Kirchen nicht gibt, kein Waschbecken, um sich zu erfrischen. Wie der Name schon sagt, sind diese Behälter mit geweihtem Wasser gefüllt. Katholikinnen und Katholiken tauchen beim Eintritt und vor dem Verlassen der Kirche die Fingerspitzen in das Weihwasser und machen das Kreuzzeichen. Zuerst berühren sie die Stirn und sagen dazu: »Im Namen des Vaters ...«, dann berühren sie sich unterhalb der Brusthöhe »... und des Sohnes ...«, auf der linken Brust »... und des Heiligen Geistes«, auf der rechten Brust »Amen«. Dem Weihwasser wird eine reinigende Kraft für die Seele in »Glaube, Hoffnung und Liebe« zugeschrieben. Wer nicht katholisch ist, braucht dieses Ritual nicht zu vollziehen.
Der Chorraum, also der Raum, in dem sich der Hochaltar befindet und die Geistlichen ihren Sitz haben, und die Sakristei, das ist ein Nebenraum, in dem die gottesdienstlichen Geräte und Gewänder aufbewahrt werden und in dem sich die Geistlichen vor und nach dem Gottesdienst aufhalten, dürfen nicht betreten werden. Im Chorraum ist auch der Tabernakel, ein meist kunstvoll verziertes Kästchen, in dem die konsekrierten Hostien, also das geweihte Brot, aufbewahrt werden. *»Der Tabernakel soll sich ›in den Kirchen an einem‹ ganz würdigen, höchst ehrenvollen Ort‹ befinden (MF). Die edle Form, die Lage und die Sicherheit des eucharistischen Tabernakels sollen die Anbetung des Herrn fördern, der im heiligsten Sakrament des Altares wahrhaft zugegen ist.«*[43]
Für Katholikinnen und Katholiken ist das geweihte Brot das Allerheiligste, es ist die Realpräsenz Christi. Erkenntlich ist dies daran, dass im Chorraum das so genannte »ewige Licht« brennt. Deshalb machen Katholikinnen und Katholiken nach dem Betreten der Kirche, bevor sie in der Bank Platz nehmen, eine Kniebeuge in Richtung Tabernakel. Symbolisch bedeutet das, dass sie sich damit vor Gott klein machen und ihn auf diese Weise ehren. Ebenso tun sie dies nach dem Verlassen der Bank als Verabschiedung. Niemand außer

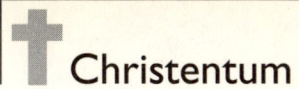

dem Priester darf den Tabernakel öffnen. Wer nicht weiß, wie Hostien aussehen und diese einmal sehen möchte, kann den Küster fragen. Er wird aus der Sakristei neue Hostien holen. Diejenigen im Tabernakel sehen nicht anders aus. Dadurch, dass sie in der Heiligen Messe verwandelt wurden, sind sie für katholische Gläubige zum Leib Christi geworden.

Selbstverständlich sollte man sich nur auf Bänke oder Stühle setzen, nicht auf Altartische oder andere Tische. Trotz gewisser Liberalisierungen durch das Zweite Vatikanische Konzil ist jeder Tisch, der in der katholischen Kirche steht, ein Altar, der mit Respekt behandelt werden sollte: »*Auf dem Altar, der der Mittelpunkt der Kirche ist, wird unter den sakramentalen Zeichen das Kreuzesopfer gegenwärtig. Er ist auch der Tisch des Herrn, zu dem das Volk Gottes eingeladen wird.*«[44]

In allen katholischen Kirchen gibt es an Seitenaltären Kerzenständer. Gläubige kaufen Kerzen und zünden diese bei besonderen Anliegen und Anlässen an. Auch Andersgläubige dürfen dies tun. Obwohl niemand kontrolliert, ob wir für die entnommenen Kerzen das Geld in die Kasse legen, versteht sich das von selbst.

Die orthodoxen Kirchen haben viele Gemeinsamkeiten mit katholischen Kirchen. Sie stellen ebenfalls einen heiligen Raum dar. Wichtige Bestandteile der orthodoxen Kirchen sind die kunstvollen Ikonen. Das sind Kultbilder, die meisten davon Christusbilder oder Heiligenporträts. Die Ikonen sind für christlich-orthodoxe Gläubige Mittler zwischen dem Diesseits und dem Jenseits. Frauen dürfen den Raum hinter den Ikonostasen nie betreten, auch nicht zum Putzen. Dieser Raum ist den Männern vorbehalten, die ein Amt bekleiden wie dem Priester, dem Diakon oder dem Popen. Dass Besuchende in achtungsvoller Distanz bleiben, ist selbstverständlich.

Die Kirche und ihre Besucher

Kirchen dienen nicht zum Selbstzweck oder sollten es zumindest nicht. Es ist schön, wenn alte Kirchen unter Denkmalschutz gestellt werden und alles getan wird, damit sie der Nachwelt erhalten bleiben. Manchmal vermisse ich aber neben dem Denkmalschutz den »Menschenschutz«. Ich meine damit, dass die Kirchen als Gebäude allen Menschen zugänglich gemacht werden sollten und müssten. Denn auch hierfür gilt die Notwendigkeit von beiderseitigem angemessenen Verhalten:

 Nicht nur die Besuchenden der Kirche haben sich auf die Kirche einzustellen, sondern auch die Kirche auf ihre Besucher.

Wer noch nie in einem Rollstuhl gesessen oder einen Menschen im Rollstuhl geschoben hat, kann nicht ermessen, wie mühsam ein Kirchenbesuch sein kann. Nicht nur für alte Menschen, sondern auch für jüngere, die zum Beispiel einen Unfall erlitten haben, kann es schwierig sein, an Stöcken eine Treppe hinaufzugehen, um dann eine schwere Tür mit einem Türschließmechanismus betätigen zu müssen. Es gibt vorbildliche Lösungen! So finden sich bei manchen älteren Kirchen nachträglich angebaute Rampen, die auch mit einem Rollstuhl zu bewältigen sind. Schwere Türen können mit einem Türöffner oder sogar mit einer Lichtschranke versehen werden, sodass sie bequem durchfahren werden können. Bei neu gebauten Kirchen müssen die Haupteingänge ohnehin rollstuhlgängig sein.
Bänke oder Stühle sollten nicht nur aus einem ästhetischen Blickwinkel betrachtet werden. Unter dem Gebot der Nächstenliebe und dem fünften Gebot lassen wir ältere Gemeindeglieder in diesen Fragen mitentscheiden.
Es gibt neben sehbehinderten viele hörgeschädigte Menschen. Auf diese Menschen Rücksicht zu nehmen und ihnen möglicherweise zu helfen, sollte – und das nicht nur aus christlicher Sicht – selbstverständlich sein.

Im Gottesdienst

Der Besuch eines christlichen Gottesdienstes steht grundsätzlich jedem Menschen offen, sofern er sich an die oben geschilderten Regeln hält. Andersgläubige wieder hinaus zu schicken, wie es mir von Muslimen und indischen Sikh erzählt wurde, ist ein schwerer Verstoß gegen das, was Jesus gelehrt und vorgelebt hat! Dass Störenfriede – auch wenn sie zu der Gemeinde gehören sollten – freundlich, aber bestimmt hinaus geleitet werden, steht auf einem anderen Blatt. Ich weiß, dass ich mich wiederhole, aber es soll nochmals gesagt werden: Wer einen Gottesdienst besucht, schaltet das Handy aus!

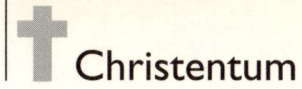

Pünktlichkeit wird in den meisten christlichen Kirchen groß geschrieben und deshalb auch erwartet. Die vielerorts akzeptierte »akademische Viertelstunde« gibt es nicht. Die Kirchenglocken rufen zum Gottesdienst. Bevor sie verstummen, sollten Gläubige und Besucher auf ihren Plätzen sitzen.

Normalerweise gibt es im Gottesdienst keine reservierten Plätze. Früher saßen alle nach Geschlecht und Alter getrennt jeweils in bestimmten Bereichen. Heute finden wir solche Sitzordnungen zum Teil noch in Italien. Also können wir grundsätzlich dort Platz nehmen, wo es uns gefällt. Wenn die Kirche jedoch noch ziemlich leer ist, sollten zuerst die ersten zehn Reihen besetzt werden. Wenn eine Reihe noch ziemlich frei ist, setzen wir uns allerdings nicht an den ersten Platz am Gang. Es ist mühsam für jene, die später kommen, wenn sie entweder an uns vorbei in die Reihe gelangen müssen, oder, um dies zu vermeiden, die Reihe leer lassen.

Wenn nun aber doch schon jemand am äußersten Platz sitzt, zum Beispiel, weil er gehbehindert ist, wie gehen wir dann an ihm vorbei? Wären wir im Theater, im Konzertsaal, im Kino oder ähnlichen Orten, dann würden wir uns an bereits sitzenden Mitmenschen vorbeibewegen, indem wir diesen Menschen das Gesicht zuwenden, weil es nicht höflich wäre, ihnen unsere Rückseite zu zeigen.[45]

In der Kirche machen es die meisten Menschen jedoch genau umgekehrt, da dort die Blickrichtung aller immer dem Altar gelten sollte. Allerdings gibt es auch durchaus überzeugende andere Ansichten: »Da gehe ich doch lieber weiterhin davon aus, daß halbwegs zivilisierte Gottheiten es verstehen, daß man seinen Mitmenschen nicht den Hintern ins Gesicht drückt.«[46] In solchen Fällen richten wir uns also am besten nach unserem Gespür oder versuchen zu beobachten, was unter den Gläubigen üblich ist.

Viele Gläubige verrichten an ihrem Platz ein stilles Gebet. Protestanten bleiben dabei stehen, Katholiken knien nieder. Als Gäste dürfen wir uns setzen.

Gerade in evangelischen oder evangelikalen Gottesdiensten wird es sehr unterschiedlich gehandhabt, wann und ob die Gemeinde aufsteht. Die eine Gemeinde steht bei der Schriftlesung auf, die andere bleibt sitzen, die eine Gemeinde steht beim Gebet, die andere sitzt, wieder eine andere Gemeinde steht beim Singen und die andere sitzt... Auch Kombinationen sind möglich.[47]

Als Besucher sollten Sie es grundsätzlich so halten, dass Sie die örtlichen Gepflogenheiten respektieren und sich anpassen. Sie stehen also auf, wenn sich die Gemeinde erhebt.

In evangelischen Kirchen ist das Fotografieren während des Gottesdienstes grundsätzlich verboten. Eine Ausnahme stellt aber die Hochzeit dar. Die meisten Pfarrerinnen und Pfarrer werden dies aber zu Beginn des Traugottesdienstes ansprechen und erklären, wann es gewünscht und wann es unerwünscht ist. Hieran sollten Sie sich als Besucher natürlich halten. Wer aus beruflichen Gründen Fotos benötigt, spricht das im eigenen Interesse vorher mit dem Pfarrer oder der Pfarrerin ab.

In orthodoxen Kirchen ist manches für uns gewöhnungsbedürftig. Beim Betreten der Kirche geben sich die Gläubigen meist nicht die Hand, begrüßen sich aber mit Namen.

Frauen tragen aus Demut ein Kopftuch. Für Gäste liegen Kopftücher bereit. Frauen dürfen keine Hosen tragen, sondern nur Röcke, die mindestens die Knie bedecken. Blusen oder Kleider dürfen kein übertriebenes Dekolletee haben, aber kurze Ärmel sind erlaubt. Für Männer gibt es keine speziellen Kleidervorschriften. Es genügt, wenn sie saubere Kleidung tragen.

Während des gesamten christlich-orthodoxen Gottesdienstes stehen alle. Wer aus Gesundheitsgründen nicht so lange stehen kann, darf auf einem der wenigen Stühle hinten in der Kirche Platz nehmen. Bei gewissen Gelegenheiten müssen jedoch alle stehen: beim Vaterunser, beim Credo, beim Lesen der Evangelien und beim Segen. Kinder nehmen vom Säuglingsalter an am Gottesdienst teil und müssen lernen, die lange Zeit still zu sein. Mütter gehen mit weinenden Kindern hinaus.

Zwischen den verschiedenen orthodoxen Kirchen gibt es neben der Sprache weitere kleinere Unterschiede. So ist es bei den Serben üblich, dass am Anfang der Liturgie oft nur der Priester und ein Helfer anwesend sind und die anderen Gemeindeglieder erst nach und nach kommen, sodass die ganze Gemeinde meist erst während der letzten halben Stunde versammelt ist.

Gäste sind in allen orthodoxen Kirchen willkommen. Wenn Sie sich in der Kleidung anpassen, gibt es nur Weniges, was Sie noch besonders beachten sollten (siehe Kapitel *In der Kirche*).

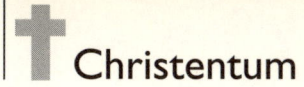 **Christentum**

Abendmahl und Messe

»Als sie aber aßen, nahm Jesus das Brot, dankte und brach`s und gab`s den Jüngern und sprach: Nehmet, esset; das ist mein Leib. Und er nahm den Kelch und dankte, gab ihnen den und sprach: Trinket alle daraus; das ist mein Blut des Bundes, das vergossen wird für viele zur Vergebung der Sünden.« (Mt 26, 26-28)

 Dies ist die Basis für die Feier, die in den evangelischen Kirchen Abendmahl, in den katholischen und orthodoxen Kirchen Eucharistie oder Messe genannt wird.

Allerdings hören damit die Parallelen schon beinahe auf.
Es gibt im Christentum keine von allen Konfessionen gleichermaßen anerkannte Interpretation der Eucharistie. Sowohl beim Abendmahlsverständnis wie auch bei der Frage, wer zum Abendmahl zugelassen werden soll, gibt es unter den christlichen Konfessionen sehr unterschiedliche Auffassungen. Entsprechend verschieden ist die Zulassungspraxis.

Die heilige Messe in der katholischen Kirche

In katholischen Kirchen *»ist die Feier der heiligen Messe für die Welt- und Ortskirche wie auch für jeden einzelnen Gläubigen Mitte des ganzen christlichen Lebens. [...] Alle anderen gottesdienstlichen Feiern und alle Werke christlichen Lebens stehen mit der Messe in Zusammenhang: sie gehen aus ihr hervor und führen zu ihr hin.«*[48]
»Durch die Konsekration vollzieht sich die Wandlung [Transsubstantiation] *von Brot und Wein in den Leib und das Blut Christi. Unter den konsekrierten Gestalten von Brot und Wein ist Christus selbst als Lebendiger und Verherrlichter wirklich tatsächlich und substantiell gegenwärtig mit seinem Leib, seinem Blut, seiner Seele und seiner göttlichen Natur.«*[49]
Deshalb werden die Hostien, die nach der Kommunion übrig bleiben, im Tabernakel verschlossen und als Repräsentation Jesu angebetet.
Klar und deutlich wird im Katechismus der Katholischen Kirche festgelegt, dass evangelische Christen an der Messe nicht teilnehmen dürfen: *»Die aus der Reformation hervorgegangenen, von der katholischen Kirche getrennten kirchlichen Gemeinschaften haben*

>*vor allem wegen des Fehlens des Weihesakramentes die ursprüng-
liche und vollständige Wirklichkeit des eucharistischen Mysteriums
nicht bewahrt*< (UR 22). *Aus diesem Grund ist für die katholische
Kirche die eucharistische Interkommunion mit diesen Gemeinschaften nicht möglich.*«[50]

> Das heißt, dass Sie als Protestant in einem katholischen Gottes-
> dienst nur als Zuschauer oder Zuschauerin teilnehmen dürfen.

Wie weit diese harte Haltung auch in der Praxis durchgesetzt wird,
ist eine andere, oft regional unterschiedlich gehandhabte Frage.
Da die ökumenische Zusammenarbeit auf Gemeindeebene zum Teil
sehr eng ist, gibt es viele katholische Pfarrer, die evangelische Christen ganz bewusst dazu einladen, an der Kommunion teilzunehmen.
Manche setzen dabei für eine Teilnahme voraus, dass die Realpräsenz von Jesus Christus von den evangelischen Teilnehmern anerkannt wird.
Wer nicht katholisch ist, fragt daher vor dem Gottesdienst, ob eine
Teilnahme an der Kommunion erwünscht ist. Im Zweifelsfall ist es
ratsam, das zu unterlassen, da wir weder Gläubige vor den Kopf stoßen noch dem Pfarrer Schwierigkeiten bereiten wollen.
Während der sogenannten Wandlung, dem wichtigsten Bestandteil
der Messe, knien die meisten Gläubigen. Manche stehen auch, Gäste
dürfen es auch so halten. Wer zur Kommunion geht, um das Heilige
Brot zu empfangen, geht langsam nach vorne und hält dem Priester
oder seinem Helfer die offene Hand entgegen und empfängt so die
Hostie. Er führt sie in den Mund.
Darf die Hostie normal gegessen werden? Darüber gehen die Meinungen auseinander. Da es für gläubige Katholikinnen und Katholiken der Leib Christi ist, betrachten sie es als Sakrileg, die Hostie
zu zerbeißen. Ältere und Konservative lassen sich die Hostie auf die
Zunge legen, wie es früher üblich war.
Wer nicht zur Kommunion geht, darf währenddessen sitzen bleiben.

Das Abendmahl in der evangelischen Kirche

Die Fragen 75 bis 85 im Heidelberger Katechismus behandeln das
Abendmahl. »Wird denn aus Brot und Wein der wirkliche Leib und

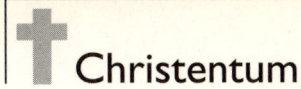

das Blut Christi?«, lautet die Frage 78. Die Antwort zeigt den grundlegenden Unterschied zur katholischen Auffassung:

»*Nein; sondern wie das Wasser in der Taufe nicht in das Blut Christi verwandelt oder das Abwaschen der Sünden selbst wird, deren es nur ein göttliches Wahrzeichen und Versicherung ist, so wird auch das heilige Brot im Abendmahl nicht der Leib Christi selbst, auch wenn es nach Art und Gebrauch der Sakramente der Leib Christi genannt wird.*«

Die Frage 80 und besonders die Antwort verdeutlichen den Unterschied nochmals:

»*Was für ein Unterschied besteht zwischen dem Abendmahl des Herrn und der päpstlichen Messe?*

Das Abendmahl bezeugt uns, daß wir vollkommene Vergebung aller unserer Sünden haben durch das einmalige Opfer Jesu Christi, das er selbst einmal am Kreuz vollbracht hat und daß wir durch den Heiligen Geist Christus eingeleibt werden, der jetzt mit seinem wahren Leib im Himmel zur Rechten des Vaters ist und dort angebetet werden will. Die Messe aber lehrt, daß die Lebendigen und die Toten nicht durch das Leiden Christi Vergebung der Sünden haben, es sei denn, daß Christus immer noch täglich für sie von den Meßpriestern geopfert werde; und, daß Christus leiblich in der Gestalt des Brots und Weins sei und deshalb darin angebetet werden soll. Also ist die Messe im Grunde nichts anderes als eine Verleugnung des einmaligen Opfers und Leidens Jesu Christi und eine vermaledeite Abgötterei.«

In der Gemeindepraxis ist diese harte Haltung nicht unbedingt der Normalfall. Die ökumenischen Beziehungen sollen schließlich nicht strapaziert werden.

In evangelischen Kirchen wird das Abendmahl als Erinnerung an Jesu letztes Mahl mit seinen Jüngern nur alle paar Wochen gefeiert. Wer darf daran teilnehmen? In den lutherischen und reformierten Kirchen sind alle getauften Christen zugelassen, in der Regel jedoch erst nach Katechese und Konfirmation. Die Schweizer reformierten Kirchen kennen das Kinderabendmahl seit Jahrzehnten, und es hat seinen Ort in der Praxis gefunden.[51]

Viele reformierte Pfarrerinnen und Pfarrer vertreten eine sehr klare Haltung und meinen, dass alle, auch Ungetaufte und Nichtchristen, am Abendmahl teilnehmen dürfen. Jesus sei für alle Menschen gekommen und deshalb gelte die Einladung auch für alle.

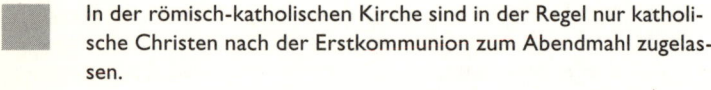 Das evangelische Abendmahl wird mit gewöhnlichem Brot und nicht mit Hostien gefeiert.

Manche Gemeinden benutzen zum Schutz von Alkoholgefährdeten Traubensaft anstelle von Wein.

Der Ablauf des Abendmahls kann unterschiedlich sein. Meist werden Gruppen von etwa zehn bis fünfzehn Personen nach vorne gerufen und stellen sich im Halbkreis auf. Der Pfarrer oder die Pfarrerin liest die Einsetzungsworte Jesu, verteilt Brotstücke und gibt den Kelch herum. Das Brotstückchen wird sofort gegessen. Jeder trinkt aus dem Kelch und gibt ihn weiter. Ob ein oder drei Schlückchen getrunken werden sollen, ist Geschmackssache. Da es manche nicht hygienisch finden, wenn die ganze Gemeinde aus dem gleichen Kelch trinkt, findet der Einzelkelch immer weitere Verbreitung. Manchmal sind dies Miniaturkelche aus Metall oder Glas, die anschließend eingesammelt und gewaschen werden. Anderenorts werden Plastikbecherchen verwendet. Wer nicht am Abendmahl teilnehmen möchte, darf sitzen bleiben.

Sollen wir am Abendmahl teilnehmen oder nicht?

Dieses Buch ist keine theologische Abhandlung, sondern ein Knigge der Religionen. Deshalb können wir nicht auf alle theologischen Fragen eingehen. Da es aber darum geht, wie wir in religiösen Bereichen friedlich zusammenleben können, ist es wichtig zu wissen, wie wir es vermeiden, Regeln zu verletzen. Deshalb hier eine kleine Aufstellung, wer im Grundsatz wo am Abendmahl teilnehmen darf:

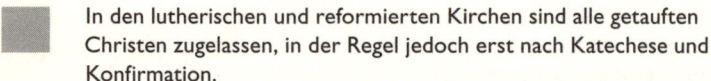 In der römisch-katholischen Kirche sind in der Regel nur katholische Christen nach der Erstkommunion zum Abendmahl zugelassen.

In den orthodoxen Kirchen können nur orthodoxe Christen am Abendmahl teilnehmen.

In den lutherischen und reformierten Kirchen sind alle getauften Christen zugelassen, in der Regel jedoch erst nach Katechese und Konfirmation.

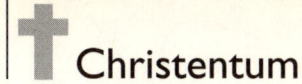

Die schweizer reformierten Kirchen kennen das Kinderabendmahl seit Jahrzehnten, und es hat seinen Ort in der Praxis gefunden.

In manchen Freikirchen sind alle wiedergeborenen Christen zugelassen, in anderen nur die, die aufgrund eines persönlichen Bekenntnisses ihres Glaubens an Jesus Christus getauft worden sind (Glaubens- oder Erwachsenentaufe).

Die evangelisch-methodistische Kirche kennt keine Einschränkungen in der Zulassung zum Abendmahl, jeder, der es wünscht, kann daran teilnehmen.

Grundsätzlich gibt es die Tendenz, das Abendmahl für alle Menschen zu öffnen, so wie Jesus mit allen Menschen Mahlgemeinschaft gehalten hat.

Zur Frage der Interkommunion

»Sind Regeln zur Abendmahlsteilnahme für Sie Elemente eines Knigges?«, fragte mich ein evangelischer Pfarrer kritisch und fuhr fort: »Für uns ist [es] aus biblisch-theologischen Gründen ausgeschlossen, an einer römisch-katholischen Eucharistie/Messe aktiv teilzunehmen. […] Wir lehnen es ab, an ökumenisch-synkretistischen Gottesdiensten mitzuwirken, was aber keine Ablehnung von Mitmenschen bedeutet, sondern einzig sachliche Gründe hat. Derartige sorgfältige Unterscheidungen sind sehr wichtig.«[52]
Obwohl oder gerade weil bei diesem Thema theologische Fragen berührt werden, betrifft die Frage der Interkommunion, also die Abendmahlgemeinschaft von Christen unterschiedlicher Konfessionen, unser Thema. Der Knigge soll das Zusammenleben erleichtern, das ist aber nur möglich, wenn auf die Gefühle aller Beteiligten Rücksicht genommen wird.

Taufe

»Gott bietet in seiner Offenbarung dem Menschen sein Heil an und öffnet ihm den Zutritt dazu in der Taufe; […] Der Mensch, der im Wissen um diesen Zusammenhang sich taufen läßt, macht damit ernst mit seinem Glauben, durch den er das Heilsangebot Gottes

annimmt. Wer glaubt und sich taufen läßt, wird gerettet werden.«
(Mk 16, 16)[53]
»*Christus (hat) dieses äußerliche Wasserbad eingesetzt und dabei verheißen, daß ich so gewiß mit seinem Blut und Geist von der Unreinigkeit meiner Seele, das heißt von allen meinen Sünden, reingewaschen bin, so gewiß ich äußerlich mit Wasser, das die Unsauberkeit des Leibes hinwegnimmt, gewaschen bin.*«[54]
Das sind theologische Aussagen zur Taufe, die vielen kaum mehr bewusst sind. Obwohl die Verbundenheit mit den Kirchen immer mehr zurückgeht, lassen doch noch relativ viele Eltern ihre Kinder taufen. Soll die Taufe ein spiritueller Schutz für das Kind sein? Oder ist die Taufe nur ein Anlass für ein Familienfest? Nach den Beobachtungen mancher Verantwortlicher in den Kirchen ist das Zweitgenannte oftmals der Grund für die Taufe. Umso wichtiger ist es, dass die Tauffamilie ihr Verhalten der Ernsthaftigkeit der Feier anpasst. Das Gleiche gilt in Bezug auf die Kleidung.
Die Taufe wird beim zuständigen Pfarramt angemeldet. In einem Gespräch wird der Sinn der Taufe und auch der Ablauf besprochen. Wer zur Taufe eingeladen werden soll, ist eine Frage des Geschmacks und der familiären Beziehungen. Außer den Eltern sind sicher die Patin und der Pate dabei, die den entscheidungsunfähigen Täufling bei der Taufe vertreten. Bei der katholischen Taufe muss der Pate katholisch sein.[55] Ob auch Paten, die nicht katholisch sind, akzeptiert werden, ist eine Frage, die im Taufgespräch besprochen wird. Von evangelischen Paten wird erwartet, dass sie christlich getauft sind.

 Katholische Taufen finden in der Regel außerhalb des regulären Gottesdienstes oder anschließend an einen Gottesdienst statt, evangelische Taufen finden während des normalen Gottesdienstes statt.

Die Kinder sollen durch die Taufe, das Zeichen des Bundes mit Gott, als Glieder in die christliche Kirche aufgenommen werden.[56]
Bei der Taufe erhält das Kind eine Taufkerze, die nicht profan, also nicht im Alltag verwendet wird. Sie kann bei besonderen Gelegenheiten angezündet werden. Dieser Brauch ist zwar ursprünglich katholisch, findet aber auch in evangelischen Kirchen immer mehr Verbreitung.

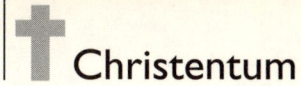

Wenn die katholische Taufe außerhalb des Gottesdienstes stattfindet, ist es logisch, dass alle während der ganzen Tauffeier anwesend sind. Dass eine Familie nach der evangelischen Taufe die Kirche verlässt, ist hingegen ein nicht zu entschuldigender Fauxpas, da sie den Gottesdienst damit stört und missachtet.

Dass auch die Taufe im Bild festgehalten werden möchte, ist verständlich. Allerdings artet dies zuweilen so aus, dass die Feier gestört wird. Manche Kirchen sahen sich daher gezwungen, dieses Thema offensiv anzugehen: »*Bilder werden immer wichtiger in unserem Leben. Daher sind Aufnahmen der Tauffeier für viele von großer Bedeutung. Während des Gottesdienstes ist Fotografieren und Filmen störend. Bitte nehmen Sie Rücksicht auf die Gepflogenheiten vor Ort. Es besteht die Möglichkeit, anschließend mit der Pfarrerin oder dem Pfarrer, der Seelsorgerin oder dem Seelsorger bzw. der Diakonin oder dem Diakon Aufnahmen zu machen.*«[57]

Obwohl die Taufe je nach Kirche, Konfession oder Denomination eine mehr oder weniger unterschiedliche Bedeutung hat, ist sie eines sicher nicht: ein magisches Ritual. Wer, wie ich es schon erlebt habe, ein Amulett in das Taufwasser legen will, das nachher das Kind erhalten soll, überspannt die Toleranz eines Pfarrers oder einer Pfarrerin.

Erstkommunion und Firmung in der katholischen Kirche

Bevor katholische Kinder das erste Mal das Heilige Brot empfangen dürfen, werden sie im Unterricht darauf vorbereitet. Etwa im Alter von neun Jahren feiern sie die Erstkommunion. Es ist ein wichtiges Fest, das meistens nach Ostern, am so genannten Weißen Sonntag, stattfindet. Zu diesem Fest wird die ganze Verwandtschaft eingeladen. Um die Gleichheit der Menschen zu zeigen und zu betonen, erhalten Knaben und Mädchen in manchen Gemeinden für diese Gelegenheit leihweise ein naturweißes langes Gewand, das große Ähnlichkeit mit einer Mönchskutte hat. Für die Kinder ist es das erste Mal, dass sie an der Kommunion teilnehmen dürfen.

Um diesem Fest nicht seine Würde zu nehmen, verzichten höfliche Menschen darauf, während der Erstkommunion zu fotografieren oder zu filmen. In vielen Kirchen besteht ohnehin ein Fotografierverbot. Um dennoch Fotos als Erinnerung zu erhalten, wird meist eine Fotografin oder ein Fotograf bestellt, der während der Feier

fotografiert. Anschließend an die kirchliche Feier stellen sich die
Kinder vor der Kirche auf, damit alle, die es wünschen, dann selber
fotografieren können.

Katholische Jugendliche erhalten von einem Bischof die so genannte
Firmung. Die Firmung ist die Bestätigung und Festigung der Taufe.
Sie wird als eine Stärkung durch den Heiligen Geist verstanden und
ist eines der Sakramente der katholischen Kirche. Das Firmalter ist
von etwa 12 Jahren auf heute 15-18 Jahre nach oben gesetzt und damit der evangelischen Konfirmation angeglichen worden.

Zu beiden Feiern kleiden sich die immer zahlreichen Gäste festlich.
Dass sie anschließend mit dem Kommunikanten oder dem Firmling
essen gehen, ist in den meisten Familien selbstverständlich. Die Kinder erhalten Gratulationskarten und oft auch Geschenke an diesem
besonderen Tag.

Konfirmation in der evangelischen Kirche

»Confirmatio« bedeutet »Bekräftigung, Bestärkung«. Die Konfirmation ist für evangelische Christinnen und Christen die Bestätigung
der Taufe durch den mündig gewordenen Menschen. Mit diesem
Fest endet die kirchliche Unterweisung. Jugendliche werden im Alter
von etwa 14 bis 16 Jahren mit der Konfirmation zu religiös Erwachsenen und haben damit alle Rechte und Pflichten, die in der Kirche
gelten.

Dieses Fest ist immer noch ein wichtiger Meilenstein im Leben von
evangelischen Christen. Deshalb wird es auch entsprechend begangen. Die Zeit des Konfirmandenunterrichts war früher von einigen
Ver- und Geboten geprägt. So durfte keine Tanzveranstaltung besucht und nicht Fasnacht gefeiert werden. Heute gibt es keine Einschränkungen mehr.

Auch die Kleidervorschriften für die Konfirmationsfeier wurden
mehr oder weniger abgeschafft. Für die ältere Generation gehörte
der dunkle Anzug mit Krawatte für die Jungen oder das entsprechende Kleid für die Mädchen selbstverständlich zur Konfirmation.
Für die heutigen Konfirmandinnen und Konfirmanden sind solche
Kleidervorschriften undenkbar, aber die Kleidung sollte festlich
sein.

In manchen Gemeinden suchen sich die jungen Menschen einen eigenen Konfirmationsspruch oder ein Segenswort aus.[58]

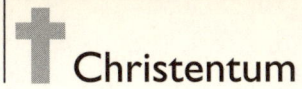

Zur Frage des Fotografierens und Filmens gelten die gleichen Grundsätze wie sie in den Kapiteln *Erstkommunion und Firmung* und *In
der Kirche* beschrieben wurden.
Es ist üblich, dass die Angehörigen den Konfirmierten ein bleibendes
Geschenk machen und anschließend zu einem gemeinsamen Familie-
nessen einladen.

Hochzeit

Neben der Taufe ist die Hochzeit die Feier, die auch von vielen kir-
chenfernen Menschen gewünscht wird. Ist es auch oder nur wegen
der schönen Fotos, die in festlicher Kleidung gemacht werden? Oder
wegen der Familie? Oder hat das Brautpaar den Wunsch, seine Ehe
durch göttlichen Segen beschützen zu lassen? Das muss jedes Brautpaar für sich selbst entscheiden. Aus christlicher Sicht wird durch
die kirchliche Trauung die Ehe vor Gott gesegnet.
Für das Verhalten während einer Trauung ist bereits in den Kapiteln *In der Kirche* und *Im Gottesdienst* alles ausführlich beschrieben
worden. Allerdings sollten Besucher einer Trauung festliche Kleidung
tragen. Die Brautleute selbst besprechen ihre Anliegen und Fragen
bezüglich der Zeremonie vorab mit der Pfarrerin oder dem Pfarrer
im Traugespräch. Bräuche wie das Reisstreuen sind vielerorts verboten, weil das nach Ansicht der Kirchen Bräuche aus heidnischen
Fruchtbarkeitskulten sind. Das Blumenstreuen hingegen wird aus
praktischen Gründen nicht überall gern gesehen. Auch dies sind Fragen, die im Traugespräch geklärt werden sollten.

Tod und Bestattung

Der Tod gehört zum Leben. So wahr dieser Satz auch ist und so
wichtig es ist, das akzeptieren zu können, so schwierig ist es für Hin-
terbliebene, mit dieser schmerzvollen Situation umzugehen. Gerade
in diesen schweren Zeiten im Leben ist es extrem wichtig, sich aus
Rücksicht auf die Gefühle der Hinterbliebenen an die Verhaltensregeln unseres Kulturkreises zu halten.[59]

 Mögen in vielen Bereichen die Umgangsformen auch lockerer geworden sein und durch die zunehmende Säkularisierung religiöse

Formen als überholt beiseite gelassen werden, in einem Todesfall ist davon in vielen Fällen nicht viel zu spüren.

Trauernde reagieren oft sehr empfindlich, weil sie verunsichert sind. Die alten Normen bieten da eine gewisse Sicherheit. Waren die Sitten diesbezüglich vor 20 oder 30 Jahren lockerer, ist in den letzten Jahren eine Trendwende festzustellen. Das Bestattungswesen ist an sich schon sehr konservativ. Dieser Trend hat sich wieder verstärkt. Auf vielen Friedhöfen tragen die Angestellten inzwischen sogar wieder eine Uniform.

War die Kremation, also die Einäscherung noch vor einigen Jahrzehnten die Ausnahme und die Erdbestattung die Regel, ist es heute umgekehrt. In der römisch-katholischen Kirche war die Kremation verboten. Im Rahmen des Zweiten Vatikanischen Konzils wurde dieses Verbot jedoch gelockert. Seither hat diese Bestattungsform stark zugenommen. Auf städtischen Friedhöfen sind zum Teil schon Dreiviertel der Gräber Urnengräber. Als mein Vater 1950 starb, gehörte die Erdbestattung auch bei Protestanten noch zum guten Ton. Meine Mutter musste damals zu ihrer Rechtfertigung angeben, dass es der Wunsch ihres Mannes war, verbrannt zu werden. Bei frommen Katholiken ist auch heute die Erdbestattung noch das Normale.

Viele Evangelikale lehnen aus biblisch-theologischen Gründen die Kremation ab. Dass sich einzelne Pfarrer oder Prediger deshalb weigern, eine Kremationsfeier oder einen Abdankungsgottesdienst zu halten, ist einleuchtend. Aber sie werden aus Anteilnahme an der Feier teilnehmen, wenn auch nicht mitwirken.[60]

Die Angehörigen teilen den Todesfall in den meisten Fällen in Form eines gedruckten Trauerbriefs oder einer Traueranzeige den Verwandten und Bekannten mit. Viele geben zusätzlich eine Todesanzeige in einer Tageszeitung auf. Wenn die Hinterbliebenen hierin Zeit und Ort der Trauerfeier angeben, bekunden sie damit, dass alle, die zum Verstorbenen eine Beziehung hatten und das möchten, eingeladen sind, daran teilzunehmen. Von Familienangehörigen wird selbstverständlich erwartet, dass sie dabei sind. Auf dem Land nimmt normalerweise das ganze Dorf an der Trauerfeier teil, in der Stadt möglichst alle, die zum Verstorbenen in Beziehung standen.

Es ist noch immer üblich, eine christliche Trauerfeier zu veranstalten, sogar dann, wenn der Verstorbene aus der Kirche ausgetreten ist.

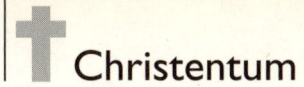

Ob dafür ein Pfarrer angefragt oder ein freier Trauerredner engagiert wird, ist eine persönliche Entscheidung.

Während vor einigen Jahren auch die Kleidersitten in Bezug auf den Besuch einer Bestattung stark gelockert wurden und man durchaus Jeans, Lederjacken und Turnschuhe trug, scheint sich dieser Trend heute wieder umzukehren.

Es gibt zwar kaum noch Vorschriften, aber die Kleidung, die bei einer Bestattung getragen wird, muss farblich zurückhaltend sein, also beispielsweise grau, dunkelblau oder schwarz.

Die engsten Familienangehörigen kleiden sich möglichst dunkel. Für Männer ist ein schwarzer Anzug, ein weißes Hemd und eine Krawatte angebracht. Frauen tragen überwiegend durchgängig schwarze Kleidung.

Die übrigen Trauergäste tragen dezente Farben, die Männer vorzugsweise einen Anzug und Krawatte und dazu passendes Schuhwerk.

Es gibt aber Ausnahmen, zum Beispiel, wenn der oder die Verstorbene sich ausdrücklich gewünscht hat, dass die Trauergemeinde in Alltagskleidung erscheint, dann sollten sich alle diesem Wunsch fügen.

Beim Eingang der Kirche oder Kapelle liegt entweder ein aufgeschlagenes Kondolenzbuch, in das sich alle Trauergäste mit Name und Adresse eintragen, oder es steht ein Korb für die Beileidskarten bereit. Man sollte im Kondolenzbuch und in den Beileidskarten seine genaue Adresse angeben, damit die Trauernden die Möglichkeit haben, später eine Danksagung zu senden.

Die engsten Verwandten betreten als erste den Raum und setzen sich in die ersten ein bis zwei Reihen. Die Trauerfeier ist meist schlicht. Von allen Anwesenden wird erwartet, dass sie bei den Gebeten aufstehen. Falls eine katholische Messe gelesen wird, gehen nur Katholiken zur Kommunion. Die ganze Trauergemeinde begleitet den Sarg oder die Urne zum Grab. In manchen Gemeinden ist die Reihenfolge umgekehrt.

Oft ist es üblich, dass Blumen ins Grab geworfen werden, manchmal werfen die Frauen Blumen, während die Männer jeweils eine kleine Schaufel Erde hineingeben. Auf jeden Fall bleiben alle Trauergäste einen Moment am Grab stehen. Bei katholischen Bestattungen steht am Grab ein Behälter mit Weihwasser und einem Wedel. Aus Respekt besprengen auch Andersgläubige damit dreimal den Sarg im offenen Grab.

Wie das Beileid ausgedrückt wird, ist ganz unterschiedlich. Kondolenzbesuche sind heute meist nicht mehr üblich. Wir kondolieren den Trauernden bei der Trauerfeier, sofern vorher nicht darum gebeten wurde, davon abzusehen.

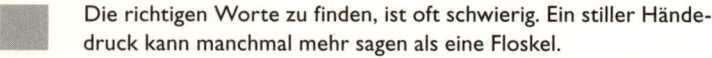 **Die richtigen Worte zu finden, ist oft schwierig. Ein stiller Händedruck kann manchmal mehr sagen als eine Floskel.**

Falls Sie nicht zur Beerdigung gehen können, können Sie eine Beileidskarte senden; wenn Sie an der Trauerfeier teilnehmen, legen Sie diese in den dafür vorgesehenen Behälter oder tragen Sie sich in das Kondolenzbuch ein. Es ist üblich, dass um eine Geldspende für einen von der Trauerfamilie bestimmten Zweck gemeinnütziger Art gebeten wird. Manchmal heißt es in der Todesanzeige, dass von Blumen und Kränzen abgesehen und anstelle dessen Geld gespendet werden möge. Dieser Wunsch sollte unbedingt respektiert werden. Wenn nichts anderes angegeben wird, ist es üblich, dass von der Firma oder eventuell von einem Verein ein Kranz gesandt wird. Kränze und Blumen senden wir nicht ins Trauerhaus, sondern direkt auf den Friedhof, um die Angehörigen nicht noch zusätzlich mit dem Transport zu belasten.

Zum Abschluss

Einen Knigge für »das« Christentum zu schreiben, ist schwierig, da trotz aller Gemeinsamkeit im Glauben große Unterschiede im Leben zwischen den Gläubigen der verschiedenen Kirchen, Gemeinschaften und Denominationen bestehen. Der Glaube ist das Primäre, für Christen steht die Liebe im Vordergrund. Die Manieren sind das Sekundäre, sie sind kein »ehernes Gesetz«, sie sind in der Regel zeit- und ortsabhängig. Wenn wir aber grundsätzlich wissen, was anderen Menschen im gelebten Glauben wichtig ist, können wir zumindest vermeiden, sie zu verletzen.

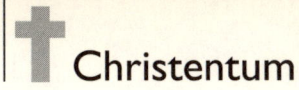
Anmerkungen

1   Heidelberger Katechismus: Frage 23.
2   Schülerduden: Die Religionen: S. 59.
3   Deutschland: ca. 25.000, Schweiz: 13.000 Mitglieder.
4   Rössler: S. 67.
5   Schmid: S. 71.
6   Schmid: S. 66.
7   Schmid: S. 69 f.
8   Baumann, Ch. P. (2000): S. 48.
9   Rössler: S. 124.
10 Rössler: S. 110.
11 Rössler: S. 110.
12 Rössler: S. 111.
13 Katechismus der Katholischen Kirche: Nr. 296.
14 Katechismus der Katholischen Kirche: Nr. 105.
15 2. Mose 20, 2-17.
16 Hörmann: Art. 35.
17 Baumann / Luchesi / Wilke: S. 104, 278.
18 Hörmann: Art. 27.
19 Hörmann: Art. 27.
20 Katechismus der Katholischen Kirche: Nr. 2132.
21 Hörmann: Art. 46.
22 Hörmann: Art. 46.
23 Hörmann: Art. 203.
24 http://www.zenit.org/ - 9. Juni 2004: Deutsche Bischöfe begrüßen Entscheidung des Bundesverfassungsgerichtes zum Ladenschluss.
25 Katechismus der Katholischen Kirche: Nr. 2180.
26 Katechismus der Katholischen Kirche: Nr. 2188.
27 Heidelberger Katechismus: Frage.107.
28 Katechismus der Katholischen Kirche: Nr. 2269.
29 Hörmann: Art. 43.
30 Matthäus 5, 27.
31 Heidelberger Katechismus· Frage 110.
32 Katechismus der Katholischen Kirche: Nr. 2401.
33 Matthäus 5-7.
34 Matthäus 5, 43-48.
35 Persönlicher Brief von Pfarrer Reinhard Möller an den Autor.

[36]   Tendenzen: 3/2004.

[37]   Hörmann: Art. 225.

[38]   Katechismus der Katholischen Kirche: Nr. 1400.

[39]   Baumann, Ch. P. (2000): S. 137.

[40]   Baumann, Ch. P. (2000): S. 107 f.

[41]   Katechismus der Katholischen Kirche: Nr. 1180.

[42]   Freundliche Mitteilung von Pfarrer R. Hofer. (Dass es in »seiner« Kirche einen rollstuhlgängigen Zugang bei einem Seiteneingang gibt, sei nur der Vollständigkeit halber erwähnt!)

[43]   Katechismus der Katholischen Kirche: Nr. 1183.

[44]   Katechismus der Katholischen Kirche: Nr. 1182.

[45]   http://knigge.md-d.org/index.php?wiki=FAQ

[46]   Peter Bruells in <m2isjxoylc.fsf@rogue.ecce-terram.de>.

[47]   Persönlicher Brief von Pfarrer Reinhard Möller an den Autor.

[48]   Hörmann: Art. 54.

[49]   Katechismus der Katholischen Kirche: Nr. 1413.

[50]   Katechismus der Katholischen Kirche: Nr. 1400.

[51]   http://de.wikipedia.org/wiki/Eucharistie

[52]   Aus einem Gespräch mit Pfarrer Reinhard Möller.

[53]   Hörmann: Art. 215.

[54]   Heidelberger Katechismus: Frage 69.

[55]   Hörmann: Art. 215.

[56]   Heidelberger Katechismus: Frage 74.

[57]   http://www.rkk-bs.ch/taufe.cfm

[58]   Mitteilung von Pfarrer Viktor Berger.

[59]   Wolff: S. 168.

[60]   Pfarrer Reinhard Möller.

Judentum

Der jüdische Glaube

Das Judentum versteht sich als Gemeinschaft der Nachkommen der biblischen Patriarchen Abraham, Isaak und Jakob. Grundlage des Glaubens ist der Bund Gottes mit Mose, der die göttlichen Gesetze mit den essenziellen Lehren des Judentums erhielt. Sie sind in der Tora (Fünf Bücher Mose) festgehalten. Wichtige Faktoren des jüdischen Lebens sind die Beschneidung der Knaben, die Heiligung des Sabbat und der Feiertage sowie die Speisegebote. Zahlreiche Feste gestalten das Jahr.

Juden verstehen sich als das von Gott auserwählte Volk. Die Geschichte dieser alten monotheistischen Religion ist eng mit dem »Gelobten Land« Israel verbunden, in das sie nach dem Auszug aus Ägypten durch Mose geführt und aus dem sie später wieder vertrieben wurden. Die Geschichte des jüdischen Volkes, die in den heiligen Schriften festgehalten ist, bildet die Grundlage der jüdischen Religion. Im heutigen Staat Israel hat das jüdische Volk wieder eine religiöse und politische Heimat gefunden.

Der Begriff Judentum ist daher nicht nur die Bezeichnung für eine Religion, sondern umfasst das Volk Israel mit seiner Geschichte, seiner Kultur und seinen Wertevorstellungen. Juden erwarten das Kommen des Messias. Christen glauben, dass der Messias bereits in der Gestalt von Jesus Christus erschienen ist. Juden teilen diesen Glauben nicht. Das ist ein wichtiger Unterschied zwischen jüdischer und christlicher Religiosität.

Christen und Juden haben vieles gemeinsam, so auch den Teil der Bibel, der von den Christen das Alte Testament genannt wird. Für Juden gehören neben der Tora (Fünf Bücher Mose), die prophetischen Bücher, die Poesie (Psalmen, das Hohelied, die Klagelieder Jeremias), die Bücher der Weisheit und die so genannten übrigen Schriften zu den wichtigen Schriften im Alten Testament.

Juden streben danach, die Halacha, die Religionsgesetze, zu erfüllen. Halacha (hebr. »Wegrichtung«) ist der jüdische Weg. Sie bestimmt die Art und Weise des Lebens. Im Judentum vereinen sich Wort und Tat. »Im Judentum können Glaubensartikel und Religionstheorien nicht von bestimmten Handlungen getrennt werden. Die Theologie des Judentums ist größtenteils in der Halacha enthalten, im jüdischen Rechtssystem, welches sich nicht mit Theorie, sondern hauptsächlich mit Praxis befasst.«[1]

Die Frage »Was glauben Juden?« muss also immer ergänzt werden mit »Was leben Juden?«, das heißt: »Wie leben sie ihren Glauben?«

Jüdische Gemeinden[2]

Im deutschsprachigen Raum leben etwa 220.000 Jüdinnen und Juden. In Deutschland sind rund 100.000 Juden in 83 Gemeinden organisiert, die im Zentralrat der Juden zusammengeschlossen sind. Nochmals etwa 80.000 Juden haben keine Gemeindezugehörigkeit. In der Schweiz gaben in der Volkszählung aus dem Jahr 2000 rund 18.000 Menschen an, dass sie einer jüdischen Gemeinde angehören. Wahrscheinlich gibt es darüber hinaus nochmals 10.000 Juden, die keiner Gemeinde angehören. In Österreich gaben 8.100 Menschen bei der Volkszählung im Jahr 2001 als Religion »israelitisch« an.

 Man muss hierbei beachten, dass nach dem jüdischen Verständnis derjenige Jude bzw. diejenige Jüdin ist, der oder die von einer jüdischen Mutter geboren wurde, unabhängig davon, ob und in welcher Form der jüdische Glaube vom Einzelnen gelebt wird.

Daher sollte man nicht den Fehler machen, denjenigen, die sich nicht einer Gemeinde anschließen, abzusprechen, dass sie Juden sind, das wäre eine Vermessenheit. Der Vergleich mit Christen, die aus einer Kirche ausgetreten sind, ist hierbei nur bedingt richtig. Wer als Jude oder Jüdin geboren worden ist, bleibt jüdisch. Die Gemeinden lassen sich vereinfacht in drei Gruppen zusammenfassen. Die Grenzen dieser Gruppen sind allerdings fließend.

Konservative Gemeinden

Die Mehrheit der organisierten Jüdinnen und Juden sind Mitglied in einer Gemeinde, die als konservativ, traditionalistisch oder Einheitsgemeinde bezeichnet wird. Innerhalb dieser Gemeinden gibt es eine große Bandbreite von strenggläubigen über liberale bis hin zu »Feier-

tagsjuden«. Um Mitglied zu sein oder zu werden, genügt der Nachweis, von einer jüdischen Mutter geboren worden zu sein.

Orthodoxe Gemeinden

Die strengste Auslegung religiöser Praxis findet in den orthodoxen Gemeinden statt. Dieser Auslegung nach wurde die Tora so, wie sie ist, Wort für Wort, von Gott an Moses auf dem Berg Sinai weitergegeben. Sie ist das Wort Gottes, das ewig gilt.[3] Es gibt also nach orthodoxer Auslegung keine zeitbedingten Gebote, die heute keine Gültigkeit mehr haben. Es liegt somit auch nicht in der Hand der Menschen, darüber zu befinden, was richtig und was falsch ist. Der Mensch muss diesem Verständnis nach die Gebote auch nicht unbedingt verstehen, sondern hat sie zu erfüllen. »Inmitten einer sich ständig wandelnden Welt gilt das Augenmerk der traditionellen jüdischen Gemeinschaft den Werten, die unwandelbare Geltung haben und aus denen die Kette jüdischer Traditionen zu allen Zeiten die Kraft geschöpft haben, ihren Weg zu gehen.«[4]

Um einer solchen Gemeinschaft angehören zu können, muss der Nachweis erbracht werden, dass man von jüdischen Eltern abstammt. Es reicht nicht, von einer jüdischen Mutter abzustammen, beide, Mutter und Vater, müssen jüdisch sein. Beide Elternteile müssen darüber hinaus orthodox sein.

Liberale Gemeinden

Eine sehr gegensätzliche Auslegung religiöser Gesetze wird in den liberalen jüdischen Gemeinden praktiziert. Der wichtigste Unterschied zu den konservativen und orthodoxen Gemeinden besteht in der liberalen Auslegung bzw. der liberalen Einstellung zu den jüdischen Gesetzen, den Mitzwot. Für die Liberalen ist die Tora zunächst einmal ein von Menschen geschriebener Text und somit nicht mehr heilig. Liberale Juden halten die Gesetze im Gegensatz zu konservativen und orthodoxen Juden nicht für göttlich. Somit nehmen sie sich das Recht heraus, bestimmte Mitzwot mit dem Hinweis zu streichen, sie würden in der modernen Welt für sie keinen Sinn mehr machen, da sie nur aus dem historischen Kontext heraus zu verstehen seien.[5]

Liberale Jüdinnen und Juden sind teilweise Mitglieder von konservativen Gemeinden. Es gibt innerhalb der Einheitsgemeinden auch liberale

Gruppen, die keine eigene liberale Gemeinde gründen wollen.[6] Den
Begriff »liberal« mit »gleichgültig« zu übersetzen, wird der Sache
auf keinen Fall gerecht. In den liberalen Gemeinden und Gruppen
treffen wir sehr ernsthafte jüdische Menschen, die zwar in entschei-
denden Punkten zu anderen Einsichten gelangen als konservative
und orthodoxe Juden, aber das Jüdischsein als einen wichtigen Aspekt
ihres Lebens betrachten. So schreibt die liberale Gruppe Ofek:
»Ofek versteht Tikun Olam (die Vervollständigung der Welt) unter
anderem als Verpflichtung, innerhalb der jüdischen Gemeinschaft
das Gemeinsame über das Trennende zu stellen. Ofek setzt sich ein
für ein gemeinsames Handeln in politischen, kulturellen und religiösen Bereichen.«[7]
Vor allem die Stellung der Frau ist liberalen Gemeinden ein großes
Thema. Sie vertreten die Ansicht, dass nicht die Männer über die
Frauen zu bestimmen haben, wodurch die Hälfte der jüdischen Menschen in eine zweitrangige Position gesetzt würden. Frauen sind in
liberalen Gemeinden mit den Männern gleichberechtigt. Eine Frau
kann nicht nur an allen gottesdienstlichen Handlungen teilnehmen,
sondern auch Gemeindepräsidentin oder sogar Rabbinerin werden.
Im Gottesdienst gibt es keine Trennung nach Geschlechtern. So sollen
befähigte Menschen unabhängig vom Geschlecht Aufgaben übernehmen können.
Allerdings sehen das viele konservative und die orthodoxen Juden
anders. So führte allein der Vorschlag, über die Aufnahme von
liberalen Gemeinden in den Schweizerischen Israelitischen Ge-
meindebund zu diskutieren, zur Austrittsankündigung von einigen
konservativen und orthodoxen Gemeinden.

Jüdische Werte und Normen

Die Mitzwot: Gebote und Verbote

*»Ein gesetzestreuer Jude sein heißt: Die Mitzwot zu erfüllen, ohne
zu fragen, wofür, warum man dies tut. Gott will es so – also halte
ich mich daran. Gott ist die höchste Instanz des Kosmos – also er-
fülle ich seinen Willen.«*[8]
Im Kapitel *Christentum* behandelten wir die Zehn Gebote. Sie stehen in der Tora, die die Christen als die Fünf Bücher Mose kennen.

Obwohl die Zehn Gebote eine zentrale Stellung einnehmen, ist damit nach der jüdischen Auslegung die göttliche Gesetzgebung nicht abgeschlossen.

Insgesamt gibt es 613 Mitzwot, das heißt Gebote und Verbote. Wir finden in der Tora 365 Verbote, sie entsprechen den Tagen eines Sonnenjahres, sowie 248 Gebote entsprechend der Anzahl der Körperteile eines Menschen.[9] Obwohl Christen in ihrer Bibel die gleichen Texte und damit die gleichen 613 Gebote und Verbote haben, wird von diesen der größte Teil entweder nicht beachtet oder er ist ihnen nicht einmal bekannt. Hier finden wir einen weiteren großen Unterschied zwischen der jüdischen und der christlichen Religion. Wer weiß zum Beispiel, dass es ein Gesetz gibt, das das Tragen von Kleidern verbietet, in deren Stoff Wolle und Leinen gemischt sind?

Halacha ist der allgemeine Ausdruck für jüdisches Gesetz. Halacha beschäftigt sich mit der richtigen Anwendung der Gebote in allen Situationen jüdischen Lebens. Die Mitzwot biblischen Ursprungs sind ihrem Wesen nach unveränderlich. Diejenigen rabbinischen Ursprungs können unter Umständen und gewissen Bedingungen durch autoritative, dazu befugte Gelehrte modifiziert werden.[10]

Die Einhaltung der Mitzwot ist ein wichtiger Wert jüdischen Lebens und kann nicht losgelöst betrachtet werden. Das eine bedingt das andere. Einen gläubigen Juden erkennt man daran, dass er die Gebote hält, auch ohne ihren Sinn zu verstehen. Dies als blinden Gehorsam zu bezeichnen, ginge an den Glaubenstatsachen vorbei. Gott kennt die Gründe, der Mensch hält sich daran. Rabbi Eleasar ben Asarja hat dies so ausgedrückt:

»Sag nicht, es sei unmöglich, Schweinefleisch zu essen; sag nicht, es sei unmöglich, sich mit Kleidern aus gemischten Geweben zu kleiden. Es ist durchaus möglich. Aber was soll ich tun, da Gott es verboten hat?«[11]

Israel

Israel ist für gläubige Juden das gelobte Land, es hat daher eine zentrale Bedeutung für alle Juden. Unter dem Druck des Antisemitismus ist Israel aber auch für viele weniger religiöse Juden immer mehr zu einem Zufluchtsort geworden.

Man darf Israel aber nicht mit »den Juden« gleichsetzen. Die Mehrheit der Israelis ist jüdisch, aber in Israel leben auch Christen und sogar Muslime.

Es ist sehr wichtig, nicht »die Juden« für die Politik Israels verantwortlich zu machen, sondern die Politiker und Entscheidungsträger Israels. Obwohl der Staat Israel für alle jüdischen Menschen eine große Bedeutung hat, heißt dies noch lange nicht, dass sich alle Juden über die Politik Israels einig sind oder sie unterstützen würden. Israel ist für alle Juden das Heilige Land. Wo immer in der religiösen Literatur Gottes Segen für Israel oder die Vision vom »Ende der Tage«, dem Kommen des Messias und der messianischen Zeit für die ganze Welt erwähnt wird, bezieht sich dies auch auf die Rückkehr Israels, also der Gesamtheit aller Juden, ins Land Israel und das sichere Wohnen dort.[12]

Die Beschneidung

»*So sollt ihr meinen Bund halten zwischen mir und euch und deinen Nachkommen nach dir: Beschnitten werde bei euch alles, was männlich ist. Lasst euch am Fleisch eurer Vorhaut beschneiden, und dies soll das Zeichen des Bundes zwischen mir und euch sein.*« (1. Mose 17, 11+12)*
Die Beschneidung ist die Erfüllung eines biblischen Gebots. Brit Mila ist der Bund zwischen Gott und Israel. Sie ist das wichtigste Zeichen des Bundes, durch das ein männliches Wesen wirklich zum Juden wird. Auch in Zeiten der Verfolgung nahmen es Juden auf sich, ihre Söhne zu beschneiden, obwohl dadurch ein Jude anhand der Beschneidung als Jude identifiziert werden konnte.[13] Die Beschneidung ist keine medizinische oder hygienische Maßnahme, obwohl sie sich vielleicht auch so auswirken kann.

Der Sabbat: Eine Insel in der Zeit

»*Und Gott hatte am siebenten Tag sein Werk vollendet, das er gemacht, und ruhte am siebenten Tag von seinem Werke, das er gemacht. Und Gott segnete den siebenten Tag und heiligte ihn; denn an ihm ruhte Gott von allem Werke, das er erschaffen und gemacht hatte.*« (1. Mose 2, 2+3)*

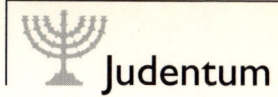

Der Sabbat ist das zweite Zeichen des Bundes zwischen Gott und Israel. Der biblische Ruhetag beginnt am Freitagabend mit Sonnenuntergang und endet am Samstagabend mit dem Eintreten der Dunkelheit. In dieser Zeit dürfen die Menschen ausruhen und die Arbeit liegen lassen. Wer den Sabbat heiligt, bezeugt damit die Erschaffung der Welt durch Gott. Der Sabbat ist das »Gedenken des Schöpfungswerkes« und bildet damit eine Basis für den jüdischen Glauben.[14]

Von außen betrachtet sehen wir die Verbote zu all dem, was am Sabbat nicht getan werden darf. Am Sabbat gilt für Juden das Verbot der »Arbeit«. Als Arbeit werden alle körperlichen Tätigkeiten verstanden, aber – im Bewusstsein, dass Gott der alleinige Schöpfer ist – auch alles, was dazu dient, Neues zu produzieren. Es gibt 39 Kategorien von »Arbeit«. Auch Tätigkeiten wie das Kochen und sogar das Licht anzünden gelten als Arbeit und sind am Sabbat verboten. Daher werden diese Tätigkeiten vor Beginn des Sabbats vorbereitet. Viele Juden sagen dazu, dass sie diese Verbote eher als Erleichterung empfinden: Diese Tätigkeiten darf ich einen Tag in der Woche liegen lassen. Wenn sich die Arbeit auf meinem Schreibtisch türmt, dann soll sie liegen bleiben bis nach dem Sabbat.

Gläubige Juden betrachten den Sabbat als ein Geschenk Gottes. Der Sabbat ist eine Insel in der Zeit. Es gibt nicht nur Anweisungen, was am Sabbat nicht gemacht werden darf, sondern auch solche, die den Sabbat zu einem Feier- und Freudentag machen. Auf jeden Fall gehört gutes Essen dazu. So sollen zum Beispiel arme Menschen, die sich während der Woche kein Fleisch leisten können, am Sabbat Fleisch und Fisch essen und dazu Wein trinken.

Der Sabbat ist aber natürlich vor allem auf das Geistige ausgerichtet. Deshalb gehört selbstverständlich der Besuch der Synagoge dazu. Am Freitagabend findet der erste Gottesdienst statt, da der jüdische Tag von Abend zu Abend dauert. So steht es auch in der Bibel: »Es wurde Abend, und es wurde Morgen: zweiter Tag.«[15] Der zweite Gottesdienst findet am Samstagvormittag statt. Auch der Abschluss des Sabbats am Samstagabend wird in der Synagoge begangen. Zwischen den Gottesdiensten ist Zeit für das Studium der Tora, für Gespräche mit der Familie und auch einfach für das Nichtstun.

Für die Juden in der Diaspora, also die außerhalb Israels lebenden Juden, gab und gibt der Sabbat den nötigen Zusammenhalt. Wenn Juden am Freitagabend den Kiddusch-Becher heben, verbinden sie die Schöpfung der Welt mit der Freiheit des Menschen und erklären damit Sklaverei zu einer Todsünde gegenüber den Grundlagen des Universums.[16] In der Synagoge wird der Sabbat freudig als die »Braut Sabbat« oder die »Königin Sabbat« begrüßt.

Während die Beschneidung nur für die männlichen Juden gilt, gilt der Sabbat in gleichem Maß auch für die Frauen. Sie sorgen für alle Vorbereitungen und gestalten den Sabbat. Im jüdischen Haus begrüßen die Frauen den Sabbat mit dem Anzünden der Sabbatkerzen.

Kaschrut: Rein und unrein

Im Judentum gibt es keine Askese, kein Zölibat. Essen, Trinken und Sexualität gehören zur Natur des Menschen und sollen nach jüdischer Überzeugung nicht unterdrückt werden.[17] Der Frage der Reinheit und der Unreinheit kommt im Judentum jedoch eine große Bedeutung zu und sie hat immer eine spirituelle oder moralische Bedeutung.[18] Es geht hierbei aber nicht um eine hygienische oder medizinische Reinheit, sondern um die spirituelle Reinheit.[19] So gibt es in Bezug auf die Speisegesetze nicht nur unreine Tiere, sondern auch unreine Taten wie Inzest, Götzendienst oder üble Nachrede. Die Reinheitsgebote sind sehr weitreichend. Für unser Thema interessieren uns zwei Aspekte besonders.

Das Essen

Das Judentum kennt besondere Speisegesetze. Juden dürfen nur Speisen und Getränke zu sich nehmen, die koscher sind.

Rabbiner Chajim Halevy Donin betitelt in seinem Standardwerk »Jüdisches Leben« das Kapitel 6 mit »Die Speisegesetze: Nahrung für die Seele«.[20] Damit gibt er treffend wieder, worum es bei diesen Speisegesetzen geht. »Die jüdischen Speisegesetze schreiben nicht nur Kost für den Körper, sondern auch für die Seele vor; nicht so sehr eine Kost, um körperliches, sondern auch um seelisches Wohlbefinden zu erhalten.«[21]

»Trotz aller Bemühungen, die Kaschrut-Vorschriften logisch zu erklären, gehören sie immer noch zu den so genannten Hörigkeitsgesetzen, an deren Befolgen man den gläubigen Juden erkennt: blinder Gehorsam ohne Widerspruch gegen die Gesetze, die auf dem Berg Sinai gegeben wurden.«[22]

Es gibt zum Verzehr erlaubte und unerlaubte Tiere. Damit die erlaubten Tiere koscher sind, müssen sie geschächtet, das heißt rituell
durch einen einzigen Schnitt, der Halsschlagader, Luft- und Speiseröhre durchtrennt, geschlachtet und das Fleisch ausgeblutet werden.
Milchiges und Fleischiges darf nicht zusammen gegessen werden.
Dies geht auf den Bibelvers zurück, der besagt, dass das Zicklein
nicht in der Milch seiner Mutter gekocht werden darf.[23] Sogar das
Geschirr für Milchiges und Fleischiges wird getrennt verwendet. In
manchen jüdischen Haushalten gibt es das gesamte Geschirr doppelt,
einmal für Fleischiges, einmal für Milchiges. Gemüse und Früchte
werden als parwe, neutral, betrachtet und somit dürfen sie zu Mil-
chigem und zu Fleischigem genossen werden. Übrigens sind auch
nicht alle Fische erlaubt. So gelten zum Beispiel Fische ohne Schup-
pen und Krustentiere nicht als koscher.

Die Grundsätze der koscheren Ernährung sind in der Bibel zu finden,
die Ausführungsbestimmungen entwickelten sich im Lauf der Jahre
und müssen in Folge der Weiterentwicklung der Lebensmittelindustrie
laufend im Detail aktualisiert werden. Das heißt, die Gesetze bleiben
gleich, aber jedes neue Produkt muss untersucht werden. Eine wichtige Aufgabe der Rabbiner ist es, festzustellen, welche Produkte
koscher sind. Im deutschsprachigen Raum werden oft Kaschrut-
Listen gedruckt. Neuerdings sind sie zum Teil auch im Internet zu
finden.[24]

Es ist sicherlich kompliziert, auf diese Weise zu leben, aber diese
Regeln bilden einen wichtigen Wert im Judentum. Sie dienen auch
zur Aussonderung, zur Abgrenzung von anderen Völkern, wie sie in
der Bibel[25] gefordert wird. Paul Spiegel meint dazu: »Diese Aussonderung [...] ist der Preis, den das jüdische Volk für seine Gottestreue
zahlen muss. Die Rabbinen sagen, dass das Einhalten des Kaschrut
auch ein wesentliches Element ist, um nicht in der Assimilation auf-
zugehen.«[26]

Die Menstruation

Menstruierende Frauen gelten als unrein. Während der Menstruation ist die Berührung jedes Mannes und jegliche Sexualität verboten.[27] Nach der Menstruation geht die Frau in die Mikweh. Mikweh
bedeutet »lebendiges Wasser« und ist ein Bad aus reinem Regenwas-
ser, das spirituell reinigt. Nach einem normalen Reinigungsbad und

der Haarwäsche taucht die Frau in der Mikweh unter Aufsicht einer anderen Frau einmal ganz unter, bis auch die Haare unter Wasser sind.[28] Nur verheiratete Frauen gehen in die Mikweh.

Über die Menstruation spricht man nicht. Es geht niemanden etwas an, dass die Frau ihre Regel hat. Auch der Gang in die Mikweh wird diskret unternommen. In den Tempel in Jerusalem durften menstruierende Frauen nicht, aber sie dürfen in die Synagoge.

Jüdische Umgangsformen

Das Judentum besteht aus einer Vielzahl an religiösen Regeln, die für Juden auf der ganzen Welt gelten. Die Benimmregeln jedoch unterscheiden sich von Land zu Land.

Jüdische Männer mit einen schwarzen Kaftan, Schläfenlocken und Bart prägen unser Bild von einem Juden. Dies ist jedoch eine Tradition aus dem Ostjudentum, die nur eine verschwindend kleine Minderheit praktiziert. Wenn wir eines der etwa 120 Länder besuchen, in denen Juden leben, werden wir noch andere Sitten kennen lernen. Zum Beispiel auf der zu Tunesien gehörenden Insel Djerba. Dort tragen noch viele Männer und Frauen orientalische Kleidung, die Frauen bedecken ihre langen Haare mit einem Tüchlein. Zum Beginn des Sabbat blasen sie mancherorts mit dem Schofar, dem Horn eines Widders oder Hirschen, vom Dach, damit die Menschen wissen, dass sie mit der Arbeit aufhören sollten.

Aber auch im deutschsprachigen Raum treffen wir mannigfaltige Traditionen und unterschiedliche Ausprägungen des Judentums mit entsprechend vielfältigen Umgangsformen an; deshalb sind die folgenden Ausführungen mit der entsprechenden Vorsicht aufzunehmen. So erklärte mir zum Beispiel vor einiger Zeit ein Mann ausdrücklich, dass er Schweizer und seine Religion jüdisch sei. Das eine habe mit dem anderen nichts zu tun. Es gehe in geschäftlichen Kontakten niemanden etwas an, zu welcher Religion er sich bekenne.

Toleranz

»*Ich bin der Herr, euer Gott, der euch von den Völkern unterschieden hat. [...] Ihr sollt mir heilig sein, denn ich, der Herr, bin heilig,*

und ich habe euch aus den Völkern ausgesondert, dass ihr mein seiet.« (3. Mose 20, 26)

Dies sind wichtige Sätze, wenn es um das Verhältnis zwischen Juden und Angehörigen anderer Religionen geht. Sie führen zu einer Gratwanderung zwischen Abgrenzung und Integration.

Da es im Judentum keinerlei Mission gibt und es sehr schwer ist, zum Judentum zu konvertieren, besteht keinerlei Konkurrenzsituation zwischen Juden und Angehörigen anderer Religionen. So ist das Verhältnis von Toleranz geprägt, einer Toleranz, die aber leider auch heute noch oft sehr einseitig zu Ungunsten der Juden gelebt wird.

Ein frommer Jude wird durch die religiösen Gesetze von bestimmten Formen des sozialen Umgangs mit Nichtjuden abgehalten. Er kann nicht so ohne weiteres zu einem Abendessen bei einer nichtjüdischen Familie gehen. Oder er kann nur gewisse kalte Speisen zu sich nehmen. Auf alle Fälle ist das kompliziert und umständlich.[29] Aber Juden verstehen diese »Aussonderung« als Preis, den das jüdische Volk für seine Gottestreue zahlen muss.[30]

Mischehen zwischen Juden und Christen sind häufig, aber von jüdischer Seite nicht gern gesehen. Wenn die Frau Christin ist, sind die Kinder nicht jüdisch, auch wenn der Vater praktizierender Jude ist. Eine Heirat in der Synagoge ist nur möglich, wenn beide jüdisch sind.

Die vorherrschende Meinung im Judentum ist, dass jede Religion für sich bleiben, ihre Angehörigen sich aber mit Respekt begegnen sollten.

Nähe und Distanz

Was gilt als höflich? Was ist distanzlos? Grundsätzlich gelten hierzu für und bei Juden die landes- und ortsüblichen Verhaltensregeln. Mit einer wesentlichen Ausnahme, nämlich der des Umgangs zwischen den Geschlechtern. Dies ist zumindest bei streng religiösen Juden der Fall (siehe Abschnitt *Mann und Frau*).

 Der Rabbiner wird mit »Herr Rabbiner« oder mit dem Namen angeredet.

Mann und Frau

Im Judentum gibt es Regeln für den Umgang zwischen Mann und Frau. Beide Geschlechter haben jeweils ihre eigenen Aufgaben und Kompetenzen.

Bei strenggläubigen Juden werden außerhalb der engen Familie Frauen und Männer voneinander getrennt. So gibt es auch in der Synagoge meist oberhalb des Hauptraumes eine Empore für die Frauen. Bei größeren Festen gibt es in der Regel einen Männer- und einen Frauenraum. Bei Familienfesten werden sie nicht getrennt, allerdings wird bei der Sitzordnung oftmals darauf geachtet, dass immer abwechselnd gesessen wird. Das heißt, die Ehepaare sitzen so, dass immer zwei Männer und dann zwei Frauen nebeneinander sitzen, sodass nie ein Mann neben einer fremden Frau sitzt. Bei Versammlungen dürfen Männer und Frauen nicht zusammensitzen, nicht einmal neben dem eigenen Ehemann. Ein Mann und eine Frau, die nicht eng verwandt sind, halten sich auch nicht allein in einem Haus auf. Außerhalb der Familie geben sich Mann und Frau nicht die Hand. Im deutschsprachigen Raum halten es die meisten Juden und Jüdinnen so, dass sie sich innerhalb ihrer Kreise nicht die Hand geben, wenn sie aber mit nichtjüdischen Menschen Kontakt haben, passen sie sich den üblichen gesellschaftlichen Regeln an.

Wenn wir als nichtjüdische Besucherinnen und Besucher zum Beispiel eine Synagoge betreten, halten wir uns an die jüdische Regel, dass ein Mann einer Frau und umgekehrt eine Frau einem Mann nicht die Hand zum Gruß hinstreckt. Wenn wir diese Regel einmal vergessen sollten, macht aber sicher niemand ein Drama daraus.

Kleidung und Äußeres

Die Kleidung eines Juden oder einer Jüdin sollte immer züchtig, nicht auffallend, sauber und vollständig sein.[31] Die wichtigste Grundregel für das Äußere ist Znijut, die Bescheidenheit.[32]

Frauen tragen keine Männerkleidung, Männer keine Frauenkleidung. Hosen sind heute nicht mehr generell verpönt, da sie nicht mehr unbedingt als Männerkleidung betrachtet werden, meinen zumindest liberalere Jüdinnen und Juden. Von streng religiösen Juden wird diese Aussage allerdings nicht akzeptiert: »Jüdische Frauen tragen keine Hosen!«

Die Kleidung sollte generell nicht entblößend und nicht aufreizend sein. »Frauen dürfen ihre sexuellen Reize nicht betont zur Schau stellen. Die Länge der Ärmel oder des Rockes oder die Tiefe des Dekolletees haben dem Rechnung zu tragen.«[33]

In der Regel können wir also auf der Straße jüdische nicht von nicht-jüdischen Menschen unterscheiden, weil es keine spezielle jüdische Kleidung gibt, das heißt, sie ist ortsüblich. In Osteuropa trugen früher manche streng religiöse Juden einen Kaftan und einen Stramel, einen großen schwarzen Hut, manchmal mit Pelzbesatz. Dies ist aber nicht die »typische« Bekleidung eines Juden. Manche orthodoxe jüdische Männer bei uns tragen schwarze Anzüge und einen Hut. Die absolute Mehrheit von Juden und Jüdinnen tragen aber Kleidung, die sie nicht von Menschen anderer Religion abhebt.

Wie ist es aber mit den Kopfbedeckungen? Verheiratete Frauen sollten immer ihre Haare bedeckt haben, sei es mit einer Perücke, einer Mütze oder einer Haube; daher kommt der Begriff »unter die Haube kommen«. Ledige Frauen brauchen die Haare nie zu bedecken, auch nicht zum Gebet. Sie tragen ihr Haar offen und für alle sichtbar.[34]

Die Männer trugen früher eine Kopfbedeckung bei den Gebeten und bei jeder Gelegenheit, in der der Name Gottes in Segenssprüchen erwähnt wurde. So etwa während der Mahlzeiten, bei denen vorher und nachher Segenssprüche gesagt werden, um zu betonen, dass man Diener Gottes ist. Der Brauch, auch unter freiem Himmel den Kopf zu bedecken, kam später dazu und ist die jüdische Art, Respekt vor Gott zu bezeugen.[35] Das Käppchen, die Kippa, hat keinerlei religiöse Bedeutung; der Grund für ihre weite Verbreitung ist ihr leichtes Gewicht und ihre Bequemlichkeit.[36] Dennoch ist die Kippa nach jüdischem Verständnis ein Zeichen der Gottesfurcht, Demut und Bescheidenheit.[37] *»Ihr Träger weiß, dass er ein Soldat im Heer des Allerheiligsten ist […].«*[38]

In der Synagoge und in Gesellschaft sollten Frauen langärmlige und nicht tief ausgeschnittene Kleider tragen. Bei strengeren Juden wird von verheirateten Frauen erwartet, dass sie ihre Haare bedecken.

Für den Sabbat gelten verschärfte Regeln; sie werden in den folgenden Abschnitten behandelt.

Zu Besuch in einer Familie

Eine streng religiöse Jüdin wird normalerweise kein Haus betreten, in dem nur ein Mann anwesend ist, ebenso natürlich besucht ein Mann kaum eine Frau allein. So war es nicht etwa mangelnder Anstand, dass sich eine Jüdin mit mir vor ihrem Haus bei beißender Kälte unterhielt, statt mich ins Haus einzuladen. Die Einladung ins Haus hätte nicht den jüdischen Manieren entsprochen, obwohl die Frau sogar noch älter war als meine eigene Mutter. Wenn sich ein Besuch nicht umgehen lässt, so zum Beispiel, wenn ein Handwerker im Haus zu arbeiten hat, wird die Frau eine Freundin oder Verwandte zu sich einladen, damit sie zu dritt im Haus sind.
Jüdische Frauen werden nicht in Hosen zu Besuch zu einer streng religiösen Familie gehen, dies gilt nicht als anständig. Männer tragen lange Hosen und je nach Jahreszeit ein Jackett oder auch nur ein Hemd. Das heißt, sie richten sich diesbezüglich nach den üblichen Verhaltensregeln ihres Umfeldes.
Dass kleine Geschenke die Freundschaft erhalten, gilt selbstverständlich überall.

 Als Gastgeschenk für eine jüdische Familie eignen sich Blumen, koschere Schokolade oder koscherer Wein. Diese und weitere koschere Artikel sind entweder in jüdischen Geschäften und in Großstädten auch in ganz normalen Einkaufszentren erhältlich.

Wenn Gäste an einem Freitagabend zum Sabbatessen eingeladen werden, sollten sie dort sehr zeitig hingehen, um nichts tragen zu müssen, da nach Sabbatbeginn das Tragen verboten ist.
Vor jedem Essen müssen die Hände gründlich gereinigt werden. Dazu gehören auch die Fingernägel. Nach der gewöhnlichen Handwäsche werden die Hände aus einem Gefäß mit sauberem Wasser übergossen, zuerst die rechte, dann die linke Hand.[39] Vom Augenblick des Übergießens der Hände bis zum ersten Bissen wird nicht gesprochen.[40]
Juden beten vor und nach dem Essen. Bei den Gebeten sollten die Männer und die verheirateten Frauen den Kopf bedeckt haben. Für jedes Essen wird ein Segensgebet, das zur der Art der Speise gehört, gesprochen.[41]

Nach dem Essen waschen sich Juden nochmals die Hände. Dies ist das so genannte Waschen »mit dem letzten Wasser«. Und selbstverständlich folgen Segenssprüche.[42]

Kaum ein Besucher wird sich, wenn er zu Gast ist, auf einen Tisch setzen. Dies verbietet der Anstand und das, was wir unter gutem Benehmen verstehen. Dennoch soll hier die Begründung, warum dies bei Juden aus religiösen Gründen verboten ist, mit den Worten von Paul Spiegel ausgeführt werden: »*Der Familientisch hat im Laufe der jüdischen Geschichte den Altar im Tempel von Jerusalem ersetzt, er ist zum Substitut geworden, genauso wie es die großen Rabbinen nach der Zerstörung des Tempels vorgesehen haben, als sie darangingen, ein ›abstraktes‹ Judentum zu entwickeln, bei dem jede rituelle Handlung im Tempel durch eine Metapher ersetzt wird. Weil der Tisch sozusagen der Altar in einem jüdischen Haus ist, setzen sich fromme Juden niemals lässig auf den Tisch. Das ist verpönt, man hockt nicht auf einem Altar herum.*«[43]

Gemeinsames Essen

Wenn konservative oder orthodoxe Juden sich gegenseitig besuchen, resultieren hieraus kaum Probleme. Anders sieht es aus, wenn Liberalere oder Andersgläubige die Einladenden sind.

Bei liberalen Juden werden strenggläubige Juden keine Einladung zum Essen annehmen, wenn nicht gewährleistet ist, dass Küche und Essen koscher sind. Kaffee oder Schnaps anzubieten ist aber möglich. Allerdings ist nicht jeder Schnaps koscher. Bei weniger strenggläubigen Juden genügt es meistens, koscheres Fleisch aus einer jüdischen Metzgerei zu besorgen und besonderes Geschirr zu verwenden.

Wenn Andersgläubige Juden einladen wollen, kann das Probleme geben. Um Peinlichkeiten zu vermeiden, sollten Sie deshalb früh genug fragen: Wie halten Sie es mit der Koscherernährung? Das ist die einfachste und sicherste Methode, um Missverständnissen vorzubeugen. Juden sind es gewohnt zu erklären, was sie essen und trinken können und was nicht, sie werden das nicht als unhöflich empfinden.

Der Spruch, dass es bei hundert Juden mindestens hundertundein Judentümer gibt, ist sicher übertrieben, hat aber doch ein Körnchen Wahrheit. Es ist wirklich sehr unterschiedlich, wie streng die Kaschrut-Gesetze eingehalten werden. Es gibt liberalere Juden, die alles außer Schweinefleisch essen, andere ernähren sich vegetarisch.

Streng orthodoxe Juden essen oft ausschließlich zu Hause oder bei einer anderen ebenso streng orthodoxen Familie.

Orthodoxe Juden nach Hause zum Essen einladen zu wollen ist praktisch unmöglich, weil man den nötigen Standard einfach niemals gewährleisten könnte. Einfacher ist es in solchen Fällen, in ein Koscher-Restaurant einzuladen. In meiner Heimatstadt gibt es zwei solcher Restaurants, in etlichen deutschen Städten finden sich ebenso einige.

Wenn wir mit Juden eine Zusammenkunft oder eine Arbeitssitzung haben, können wir alkoholfreie, kalte Getränke anbieten und aus einer neuen Packung Wegwerfbecher verwenden, wenn Gläser als nicht koscher abgelehnt werden. Die meisten alkoholfreien Getränke sind erlaubt, aber nicht alle.

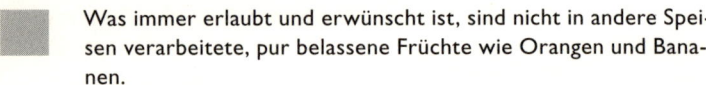

Was immer erlaubt und erwünscht ist, sind nicht in andere Speisen verarbeitete, pur belassene Früchte wie Orangen und Bananen.

Wie gehen wir damit um, wenn Juden die Einladung in unser Haus nicht annehmen wollen? Sie zu überreden, wäre nicht die richtige Art und zeigt nur wenig Verständnis für den Glauben anderer Menschen. Zeigen Sie bei einer solchen Absage Verständnis oder fragen Sie, ob es vielleicht eine andere, für den Eingeladenen bessere Lösung gibt, sich zu treffen oder gemeinsam zu essen.

Die Synagoge: Heiliger Ort oder nur Versammlungsraum?

Die Synagoge ist kein Tempel. Der jüdische Tempel stand in Jerusalem und wurde vor bald 2000 Jahren zerstört und seither nie wieder aufgebaut. Eine Synagoge ist ein bet k'nesset, ein »Haus der Versammlung«. In der Synagoge wurde seit jeher gelehrt und gelernt. Heute ist sie vor allem ein Raum, in dem der Gottesdienst gehalten und in dem gebetet wird. Die Synagoge ist ein Ort, der nur durch das heilig ist, wofür er benutzt wird, nämlich zum Gebet und zum religiösen Lernen.[44] Die Synagoge, ob klein oder groß, enthält etliche rituelle Gegenstände: Im Toraschrein oder dem Toraschrank werden die Torarollen aufbewahrt. Wenn eine Rolle geöffnet wird, darf kein Mann mit bloßem Haupt anwesend sein.

In der Nähe des Toraschreins gibt es eine Lampe. Dieses »ewige Licht« muss nach dem biblischem Gebot, »beständig Licht aufleuchten zu lassen«, dauernd brennen.[45]

Eine Plattform dient als Unterlage für die Torarolle. In manchen Synagogen gibt es zusätzlich einen Leuchter als Erinnerung an den siebenarmigen Leuchter im Tempel.

Wie die Synagoge ausgeschmückt wird, ist vom Geschmack und natürlich von den finanziellen Möglichkeiten der Gemeinde abhängig. Meistens werden jüdische Symbole an den Wänden und der Decke angebracht. Aufgrund des biblischen Bilderverbots gibt es keine Darstellungen menschlicher Figuren.

Für die Betenden gibt es Bänke und Pültchen. Die Plätze sind nummeriert und werden an die Gemeindeglieder vermietet. So kann jeder Jude in seinem Pültchen sein Gebetbuch, seine Tefillin (Gebetsriemen) und seinen Gebetsmantel verwahren, ohne dass er diese Gegenstände jedes Mal von zu Hause mitbringen muss. Da am Sabbat nichts getragen werden darf, ist es eine Notwendigkeit, dass sie schon an Ort und Stelle sind.

Auf einer Empore sind die Plätze für die Frauen. In einzelnen Synagogen gibt es hinter den Männerbänken eine Wand oder einen Paravent, hinter dem behinderte Frauen sitzen können.

In der Synagoge

Wenn wir eine Synagoge – auch außerhalb eines Gottesdienstes – betreten, müssen wir uns vergegenwärtigen, dass wir in einen Raum kommen, der gläubigen Menschen als Gebetsraum dient. Manchmal gibt es auch außerhalb der Gebetszeiten Einzelne, die individuell beten. Auf jeden Fall sollten wir uns in der Kleidung anpassen.

 Sportkleidung, Shorts oder bauchfreie Oberteile sind in einer Synagoge nicht angebracht.

Ob Männer den Kopf bedecken müssen, ist in den verschiedenen Synagogen unterschiedlich geregelt, wenn dies erwünscht ist, erkennt man dies oftmals an einem Korb, der Kippot zum Ausleihen bereithält. Dass wir in einer Synagoge weder essen noch trinken, sollte eigentlich selbstverständlich sein, wird aber der Vollständigkeit halber noch einmal erwähnt. Das Handy sollten Sie abschalten.

Eine Synagoge ist kein Museum, deshalb beschränken wir das Umherlaufen auf das absolute Minimum. Falls Sie fotografieren wollen, fragen Sie am besten vorher, ob das erlaubt ist. An Sabbat und Feiertagen gilt ein striktes Fotografierverbot.

Obwohl es ungeheuer reizt zu sehen, was in diesen Pültchen ist, öffnen Sie sie bitte nicht. Bei einer Führung können Sie fragen. Oft öffnet der Führende das eigene Pültchen und lässt uns den gar nicht so spannenden Inhalt sehen: Tefillin (Gebetsriemen), Tallit Gadol (Gebetsmantel) und Sidur (Gebetbuch).

Da es immer wieder zu antisemitischen Ausschreitungen und Übergriffen kommt, sind viele Synagogen gezwungen, strenge Sicherheitsvorkehrungen zu treffen. Wenn wir unsere Taschen abgeben und die Hosen- und Jackentaschen umkehren müssen, geschieht dies nicht aus Schikane. Deshalb: Lassen Sie diese unangenehme, aber leider begründete Maßnahme über sich ergehen.

Gottesdienst

»Wisse, vor wem du stehst!«
Dieser Satz ist in manchen Synagogen in hebräischer Sprache zu finden. Der Respekt vor der göttlichen Gegenwart bestimmt also das Benehmen im Gottesdienst.

In den meisten Synagogen versammeln sich morgens und abends Gläubige zum Gebet. Nach der jüdischen Tradition wird dreimal täglich gebetet. Aus praktischen Gründen werden meistens das Nachmittags- und das Abendgebet zusammengelegt. Damit ein Gebet in der Synagoge als gültiges Gemeindegebet gilt und in voller Form gesprochen werden kann, braucht es dazu den Minjan. Das bedeutet, dass sich mindestens zehn Männer versammeln müssen. Frauen zählen nicht zum Minjan, außer bei liberalen Juden. Als Mann zählt jeder, der über 13 Jahre alt ist. Wenn Frauen beim Minjan mitzählen, müssen sie über zwölf Jahre alt sein.

Der Respekt vor der göttlichen Gegenwart äußert sich auch in der Kleidung, die getragen wird. Sandalen ohne Socken oder Strümpfe sowie Shorts oder ähnliche Freizeitkleidung ist unangebracht. Frauen tragen keine Hosen und keinen Minirock. Das Kleid hat lange Ärmel und kein tiefes Dekolletee. Generell gilt, dass eine Frau so wenig Haut wie möglich zeigt. Verheiratete jüdische Frauen bedecken ihren

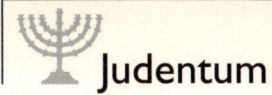
Kopf. Nichtjüdische Besucherinnen brauchen den Kopf jedoch nicht zu bedecken.

Männer tragen vorzugsweise einen Anzug mit Krawatte, obwohl manche Männer heute im Sommer auch im Polohemd kommen, allerdings nicht in orthodoxen Synagogen. Alle Männer, auch nichtjüdische, müssen den Kopf bedecken. Ob mit Hut, Mütze oder Kippa ist Geschmackssache und jedem freigestellt. Für Besucher gibt es in manchen Synagogen einen Korb, aus dem man eine Kippa leihen darf.

Und nochmals: Ein Handy hat in einem Gottesdienst nichts verloren, vor allem dann nicht, wenn es eingeschaltet ist!

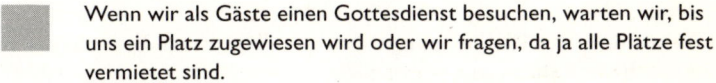

Wenn wir als Gäste einen Gottesdienst besuchen, warten wir, bis uns ein Platz zugewiesen wird oder wir fragen, da ja alle Plätze fest vermietet sind.

Frauen haben wie die Männer einen Platz gemietet oder gekauft, deshalb gilt dies in der Frauenabteilung ebenso wie bei den Männern.

Wenn wir den Besuch vorher abgesprochen haben, dürfen wir meist in einem Gebetbuch, das uns zur Verfügung gestellt wird, die deutsche Übersetzung mitlesen. Während der Gebete stehen wir auf, wenn die anderen stehen.

Der Gottesdienst am Sabbat

Bevor Juden das Haus für den Gottesdienst am Freitagabend verlassen, haben sie alles vorbereitet, was für den Sabbat nötig ist. So sind auch die Hausglocke und das Telefon abgestellt. Alle kleiden sich festlich. »Es ist unwahrscheinlich, dass man den Geist des Sabbat erhaschen oder ihm sogar bei einem festlichen Mahl Bedeutung verleihen kann, wenn die Kinder in ihrer Werktagskleidung oder in Jeans zu Tisch kommen dürfen; wenn die Erwachsenen sich in ihrer Wochentagskleidung hinsetzen oder wenn die nötigen persönlichen und Haushaltsvorbereitungen nicht getroffen wurden.«[46]

Der Sabbat beginnt am Freitagabend und endet am Samstagabend mit dem Anbruch der Dunkelheit. In dieser Zeit dürfen Juden und Jüdinnen nicht arbeiten, nicht tragen und nicht fahren. Deshalb haben sie keine Handtasche und keinen Schirm bei sich. Der Hausschlüssel wird von Männern meist an einem speziellen Gürtel befestigt, sodass der Schlüssel zu einem Bestandteil des Gürtels wird.

Manchmal ist es auch für nichtjüdische Besucher möglich, einen Sabbatgottesdienst zu besuchen. Dies ist ein beeindruckendes Erlebnis, erfordert aber von uns einige Umstellung.

So fahren wir nicht mit einem Fahrzeug direkt bis vor die Synagoge, obwohl niemand von uns verlangen würde, uns in dieser Beziehung an die Sabbatregeln zu halten. Wir nehmen aber keine Tasche und keinen Schirm mit. Das Handy, die Kamera oder ein Tonaufnahmegerät lassen wir zu Hause, das gleiche gilt auch für unsere Rauchutensilien.

Dass wir uns in der Kleidung anpassen, ist selbstverständlich. Das heißt, auch wir kleiden uns feiertäglich.

Während des Gottesdienstes machen wir uns auf keinen Fall Notizen. Auch Schreiben ist eine Arbeit!

Sollten wir einen Geschäftspartner antreffen, dürfen wir ihn nicht auf Geschäftliches ansprechen. Dies muss bis Samstagabend warten.

Feste im Jahreslauf

Das Judentum wird nicht nur durch die zahlreichen Gesetze, sondern auch durch die Feste im Jahreslauf strukturiert. Juden kennen natürlich diese Feste, ihre Bedeutung und ihre jeweils speziellen Regeln. Die Feste sind in einigen empfehlenswerten Büchern beschrieben (siehe *Literaturverzeichnis*), deshalb gehen wir hier nicht detailliert darauf ein, zumal es nur sehr selten die Situation geben wird, dass Nichtjuden eingeladen werden, hieran teilzunehmen.

Sollte dieses doch einmal der Fall sein, können sich nichtjüdische Menschen an die Verhaltensvorschläge halten, die oben für das Verhalten am Sabbat beschrieben wurden. Damit werden sie nichts falsch machen. Es ist allen aber natürlich möglich, zu diesen Festen Glückwunschkarten zu senden. Für die meisten Feste gibt es vorgedruckte Karten, zum Teil sogar schon im Internet.[47]

Feiern im Lebenslauf

Die erste Feier im Lebenslauf ist für die Jungen die Beschneidung[48].
Am achten Lebenstag werden jüdische Jungen von dem Mohél be-
schnitten. Bei der Zeremonie verkündet der Vater den Namen des
Jungen. Anschließend gibt es natürlich ein großes Festessen.[49]
Mädchen werden nicht beschnitten. Der Vater gibt in der Synagoge
bei der Lesung aus der Tora die Geburt bekannt und verkündet dabei den Namen des Mädchens.[50] Oft wird ein Kiddusch spendiert.
Dies ist ein kleiner, von Segenssprüchen eingeleiteter Empfang nach
dem Gottesdienst, an dem auch Kleinigkeiten wie Kuchen oder
Kekse gereicht werden.
Mit dreizehn Jahren wird ein Knabe ein »Sohn des Gebots«, Bar
Mitzwah. Zu dieser Feier der religiösen Volljährigkeit liest er das
erste Mal öffentlich aus der Tora. Natürlich gibt es anschließend an
den Gottesdienst eine große Familienfeier mit gutem Essen und Geschenken für den jungen Mann.
Mädchen werden schon mit zwölf Jahren Bat Mitzwah, »Tochter des Gebots«. Da Frauen nicht aktiv am Synagogengottesdienst
teilnehmen, gibt es keine traditionell-formelle Zeremonie für die
Bat Mitzwah, allerdings versuchen heutzutage manche Familien
diesen religiösen Wendepunkt im Leben eines Mädchens auch in irgendeiner Weise festlich zu begehen.[51] In liberalen Gemeinden wird
zwischen Bar Mitzwa und Bat Mitzwa kein Unterschied gemacht.
Orthodoxe Gemeinden lehnen dies ab.
Uns Außenstehenden bleibt lediglich, den Kindern guter Bekannter
ein Geschenk zu machen oder zumindest eine Glückwunschkarte zu
senden.
Die Hochzeit ist der nächste große Schritt und wird dementsprechend festlich begangen. Für die Hochzeitszeremonie wird – meistens
in der Synagoge – ein kleiner Baldachin, die Chuppa, aufgestellt. Die
Braut (Kalla) und der Bräutigam (Chatan) stehen während der Zeremonie darunter, was das neue gemeinsame Dach symbolisiert. Die
Braut wird zur Begegnung mit dem Bräutigam hereingeführt. Im
Hochzeitsgottesdienst versprechen sich die Eheleute, einander zu ehren und zu dienen. Auch die Ketubba wird vorgelesen. Dies ist ein
Dokument, in dem zumindest in der traditionellen Fassung der Ehemann verspricht, der Braut einen Ausgleich zu zahlen, falls die Ehe
enden oder sie als Witwe zurückbleiben sollte. Der Bräutigam zahlt

symbolisch einen »Brautpreis«, indem er der Braut einen Ring über-
reicht. Anschließend deklariert der Rabbiner die Schewa Berachot,
die Sieben Segenssprüche, die von der Bedeutung des Zusammenhal-
tens und von der Gestaltung der Zukunft handeln. Am Ende wird
ein Weinglas zerbrochen, das der Bräutigam zertritt. Dies gilt der Erinnerung an die Zerstörung des Tempels in Jerusalem. Nach der ein-
drücklichen Trauzeremonie in der Synagoge beglückwünschen sich
alle Anwesenden mit Handschlag mit dem hebräischen »Mazeltov!«
(»Viel Glück!«). Allerdings gelten auch hier die Geschlechterre-
geln. Das heißt, dass jeweils Männer den Männern und Frauen den
Frauen den Glückwunsch entbieten. Mir ist es geschehen, dass ich
in einer orthodoxen Synagoge auch einer Frau Mazeltov gewünscht
habe. Ein Mann machte mich freundlich auf die Geschlechterregel
aufmerksam. Als er mein betretenes Gesicht sah, meinte er, dass ein
Glückwunsch nie schlecht sei, deshalb solle ich mir keine Gedanken
machen.

Tod und Bestattung

Der Tod betrifft uns Menschen alle. Die jüdische Anschauung, die
auf der Unsterblichkeit der Seele und einem Leben in der kommen-
den Welt beruht, betrachtet das Dahinscheiden und Verlassen dieser
Welt lediglich als einen Übergang: vom Leben in einer materiellen
Welt zu einem in der Welt, in der alles gut ist.[52]
Für Juden ist ein eigener jüdischer Friedhof sehr wichtig. Nur die
Erdbestattung ist erlaubt, die Kremation ist aus diesem Grund verboten. Juden kennen die immer während Grabesruhe. Zu einer
jüdischen Gemeinde gehört, wenn immer möglich, ein eigener Friedhof. Die Errichtung eines solchen gehört zur höchsten Priorität einer
Gemeinde.
In ganz Europa findet man noch uralte jüdische Friedhöfe, oft auch
an Orten, an denen es keine aktive Gemeinde mehr gibt. Viele dieser
Friedhöfe sind sehr malerisch und durch ihre besondere Ausstrah-
lung zu berühmten touristischen Zielen geworden – so zum Beispiel
der Friedhof in Prag oder der Friedhof von Berlin-Weißensee.

 Einzelne jüdische Friedhöfe sind aus Gründen der Totenruhe und
des Schutzes nicht allgemein zugängig. Hierfür Verständnis zu haben, sollte selbstverständlich sein.

Alles, was mit dem Tod und der Bestattung zu tun hat, ist die Aufgabe der Chewra Kaddischa. Sofern sie nicht schon beim Ableben dabei ist, wird sie sofort benachrichtigt. Sie sorgt für die Überführung zum Friedhof und die Waschung und ist für die Beerdigung zuständig. Es gibt jeweils eine Männerchewra und eine Frauenchewra.

Die Begleitung Sterbender, das Trauern, die Bestattung, das Gedenken an die Verstorbenen, die Jahrzeit (Jahrestag des Todes), die Pflege des Grabes, alles ist genau geregelt. Nichts wird dem Zufall oder dem Gutdünken Einzelner überlassen. So wurde von einer jüdischen Gemeinde eine Handreichung erarbeitet, in der alles Wesentliche enthalten ist.[53]

Die Bestattung findet zwingend innerhalb von achtundvierzig Stunden statt. Alle, die den Verstorbenen gekannt haben, sind eingeladen, gemeinsam Abschied zu nehmen. An einer Beerdigung teilzunehmen ist eine besondere Mitzwa, eine besondere Pflicht.

Ob Frauen auch bei der Abdankung dabei sind, ist lokal unterschiedlich geregelt. Bei manchen orthodoxen Gemeinden sind nur Männer anwesend, in traditionalistischen Gemeinden sind die Frauen dabei, sitzen aber getrennt.

Nach der Abdankung, die Gebete und oft eine Trauerrede beinhaltet, lassen Chewra-Brüder den immer sehr einfachen Sarg ins Grab. Die Frauen, sofern sie ortsüblich den Trauerzug begleiten, folgen den Männern in einigem Abstand und bleiben in einiger Entfernung vom Grab stehen.

Die Männer schaufeln in einer vorgegebenen Reihenfolge das Grab zu. Nachher stellt sich die Trauergemeinde in zwei parallelen Reihen auf, durch die sich die engsten Angehörigen vom Grab entfernen. Dabei werden sie von jedem mit einem traditionellen Trauerspruch getröstet. Oftmals wird, nachdem der Sarg in der Erde ist, das Kaddisch gelesen. Es ist ein sehr poetisch formuliertes Gotteslob, das in unterschiedlicher Form in der jüdischen Liturgie immer am und für das Ende eines Abschnitts steht.

Vor dem Verlassen des Friedhofs sollte jeder, als Symbol für das Weiterleben, für Wohltätigkeitszwecke spenden.[54]

 Nichtjüdische Bekannte dürfen bei der Abdankung dabei sein. Die Kleidung sollte nicht bunt sein, schwarze Kleidung ist jedoch nicht vorgeschrieben. Insgesamt kann man sich an die Kleidervorschriften halten, wie sie für den Besuch einer Synagoge beschrieben wurden; damit ist man immer korrekt gekleidet.

> **Wichtig ist es zu wissen, dass es nicht üblich ist, zu einem jüdischen Begräbnis Blumen mitzubringen.**

Die engsten Angehörigen dürfen sich während der ersten 30 Tage nach dem Todestag nicht die Haare schneiden, Männer dürfen sich in diesem Zeitraum nicht rasieren.

Die Trauernden zu trösten ist eine Pflicht.[55] Vom zweiten Tag an bleibt die Haustür sieben Tage offen, als Zeichen für die Besucher, dass sie kommen können, um die Trauernden zu trösten, ohne sie zu stören.[56]

Als Außenstehende dürfen wir persönlich oder mit einer Karte kondolieren. Wichtiger als alle rituellen Vorschriften ist es, die Trauernden unser Mitgefühl spüren zu lassen!

Zum Abschluss

Muss man die Juden mögen? Dies fragt provozierend Paul Spiegel, der Präsident der Zentralrats der Juden in Deutschland[57], und gibt darauf auch gleich eine Antwort: »Nein, natürlich muss man ›einen‹ Juden nicht mögen. Es gibt kein bestimmtes Charakteristikum, das einen Juden ausmacht.«[58] Es ist nicht nur mangelnder Anstand, von einem Menschen zu sagen, er sei »typisch jüdisch«; dies ist schon reiner Antisemitismus!

Folgende Tabupunkte sollten bei der Begegnung mit Juden unbedingt beachtet werden:

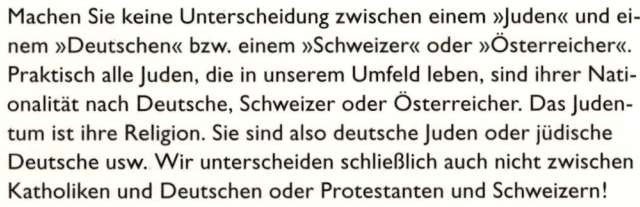

> **Machen Sie keine Unterscheidung zwischen einem »Juden« und einem »Deutschen« bzw. einem »Schweizer« oder »Österreicher«. Praktisch alle Juden, die in unserem Umfeld leben, sind ihrer Nationalität nach Deutsche, Schweizer oder Österreicher. Das Judentum ist ihre Religion. Sie sind also deutsche Juden oder jüdische Deutsche usw. Wir unterscheiden schließlich auch nicht zwischen Katholiken und Deutschen oder Protestanten und Schweizern!**

 Machen Sie nicht »die« Juden für die Politik Israels verantwortlich. Obwohl Israel für alle Juden das »gelobte Land« ist, müssen wir unbedingt zwischen der religiösen Verbundenheit und der Politik des Staates unterscheiden.

Begegnen Sie jüdischen Menschen zuerst einmal einfach als Menschen und nicht als Juden. Für viele Deutsche ist dieses besonders schwierig. In einem solchen Fall wird es helfen, dem anderen gegenüber seine Zaghaftigkeit zu formulieren. Umgekehrt ist auch für einige Juden die Begegnung mit Deutschen belastet. Auch hier befreit ein Gespräch oftmals eine angespannte Situation. Gönnen Sie sich und unseren jüdischen Mitmenschen die gleiche Unvoreingenommenheit, die wir selbst auch erwarten.

Anmerkungen

[1]   Samuel Belkin, in: Donin: S. 30 f.
[2]   Literatur:
      - Spiegel: S. 24 ff.
      - Schmid / Schmid: S. 289-292.
      - Baumann, Ch. P. (2000): S. 409 ff.
[3]   Spiegel: S. 24.
[4]   Aus dem Geleitwort zu: Israelitische Religionsgesellschaft Basel. Festschrift zum 75-jährigen Jubiläum 5688-5763 / 1928-2003. Herausgeber: Israelitische Religionsgesellschaft Basel. Basel: S. 20.
[5]   Spiegel: S. 25.
[6]   Zum Beispiel »Or Chadasch« (Schmid / Schmid: S. 291) oder »Ofek – Horizont« (Baumann, Ch. P. (2000): S. 429).
[7]   Aus der Selbstdarstellung von Ofek: http://www.ofek.ch/
[8]   Spiegel: S. 146.
[9]   Spiegel: S. 38.
[10] Donin: S. 31.
[11] Lau: S. 76.
[12] Donin: S. 15.

13   Lau: S. 299.
14   Lau: S. 113.
15   1. Mose 1, 8.
16   Donin: S. 73.
17   Spiegel: S. 176.
18   Spiegel: S. 177.
19   Spiegel: S. 177.
20   Donin: S. 103-128.
21   Donin: S. 104.
22   Lau: S. 76.
23   2. Mose 23, 19.
24   Zum Beispiel: http://www.jgdus.de/kaschrut.htm und http://www.igb.ch/
     koscherliste%20komplet.pdf
25   3. Mose 20, 24-26.
23   Spiegel: S. 188.
27   Donin: S. 133.
28   Donin: S. 147.
29   Spiegel: S. 187 f.
30   Spiegel: S. 188.
31   Lau: S. 8.
32   Spiegel: S. 153.
33   Spiegel: S. 154.
34   Spiegel: S. 154.
35   Donin: S. 190.
36   Donin: S. 190.
37   Lau: S. 8.
38   Lau: S. 9.
39   Lau: S. 57.
40   Spiegel: S. 45.
41   Lau: S. 59 ff.
42   Lau: S. 64 f.
43   Spiegel: S. 45.
44   Donin: S. 194.
45   2. Mose 27, 20.
46   Donin: S. 77.
47   http://www.hagalil.com/postcards/index.htm
48   Näheres siehe Lau: S. 298 ff.; Donin: S. 279 ff.
49   Spiegel: S. 41.
50   Spiegel: S. 41.

[51] Donin: S. 294.

[52] Lau: S. 341.

[53] Levinger I. M. Rabbiner: Der letzte Weg. Vorschriften, Gebete und Gedanken
      zum Thema Tod und Trauer. Basel 1991.

[54] Levinger: S. 22.

[55] Lau: S. 349.

[56] Lau: S. 350.

[57] Spiegel: S. 274.

[58] Spiegel: S. 274 f.

Islam

Der islamische Glaube

Der Islam ist mit über einer Milliarde Anhängern die zweitgrößte Religion. Die heutige Form geht auf den Propheten Mohammed (ca. 570-632) zurück. Islam bedeutet »Ergebung« (in den Willen Gottes). Muslim ist jeder Mensch, der sich in den Willen Allahs ergibt und die fünf Säulen des Islam anerkennt: 1. Glaubensbekenntnis: »Ich bezeuge, dass es keinen Gott gibt außer Allah (›DER Gott‹) und dass Mohammed sein Gesandter ist«, 2. fünf tägliche Pflichtgebete, 3. Verpflichtung, im Monat Ramadan zu fasten, 4. die jährliche Sozialabgabe Zakat, 5. die Wallfahrt nach Mekka. Der Koran ist zugleich heilige Schrift und Gesetzbuch und gilt als unveränderlich. Obwohl alle fünf Säulen als gleichrangig betrachtet werden und nur der als Muslim gilt, der sie alle anerkennt, ist das Pflichtgebet für das tägliche Leben prägend.

Der Islam entstand auf der Basis des Judentums und des Christentums und ist nach Überzeugung der Muslime die Wiederherstellung des ursprünglichen Islams. Die biblischen Propheten werden anerkannt. Ibrahim (Abraham) gilt als Ur-Muslim. Isa (Jesus Christus) ist der direkte Vorgänger von Mohammed und erfährt Hochachtung.

Die »sechs Prinzipien« können in Anlehnung an die »fünf Säulen« als Eckpfeiler des Islams bezeichnet werden. Sie sind eine Kurzfassung islamischer Theologie:

- *Der Glaube an Gott.*
- *Der Glaube an Gottes Boten, die Engel.*
- *Der Glaube an die geoffenbarten Bücher.*
- *Der Glaube an die Gesandten.*
- *Die Erwartung der Auferstehung der Toten und der Glaube an das Gericht.*
- *Der Glaube, dass »Gutes und Böses durch Gottes Ratschluss existieren«.*

Islam, Judentum und Christentum

Da zu erwarten ist, dass die Mehrheit der Leserinnen und Leser dieses Buches christlich oder zumindest christlich kulturalisiert sind,

sind Vergleiche mit dem christlichen Glauben zum Verständnis dieses Kapitels unerlässlich.

Wir stellen große Übereinstimmungen zwischen dem Islam und dem Christentum fest. Es gibt für gläubige Christen zwar nur wenige, aber dafür umso tiefere Unterschiede, die nicht wegdiskutiert werden können oder sollen.

Der Monotheismus, der Glaube an nur einen Gott, verbindet das Judentum, den Islam und das Christentum. Dass Muslime zu Allah und Christen zu Gott beten, stimmt so nicht, da arabischsprachige Christen die gleiche Ansprache wie die Muslime gebrauchen, wenn sie zu Gott beten. Übereinstimmend mit dem Christentum wird Gott als der einzige Schöpfer, als der Barmherzige, als der, bei dem wir Zuflucht finden, verehrt. Hingegen ist für Muslime eine wie auch immer geartete Trinitätslehre (Gottvater, Gottsohn, Heiliger Geist) unvorstellbar. Die Gottessohnschaft von Jesus Christus ist für Muslime Blasphemie, eine Gotteslästerung. »Beigesellung« ist für sie das schlimmste Verbrechen, für das es keine Vergebung geben kann. Allah ist der über allem thronende alleinige Herr.

Das Bilderverbot, das wir aus dem Alten Testament auch kennen (2. Mose 20, 4), wird von Muslimen und Juden sehr streng genommen. Obwohl nicht überall in der islamischen Welt das Bilderverbot strikt eingehalten wurde, entwickelte sich eine spezielle Kunst, um dem Bedürfnis nach Ästhetik gerecht zu werden: die Kalligrafie.

Der Glaube an die geoffenbarten Bücher verbindet die drei monotheistischen Religionen nur oberflächlich. Muslime glauben, dass die Bibel von den Menschen verändert und Teile weggelassen wurden. So sollen zum Beispiel die Christen aus dem einen Evangelium fünf gemacht haben.

Der Koran ist für Muslime nicht nur das vollständige, sondern auch das aktuellste heilige Buch. Deshalb kann aus ihrer Sicht auf das Studium der Bibel verzichtet werden.

Obwohl im Koran etwa fünfundzwanzig biblische Propheten namentlich erwähnt werden, gibt es große Unterschiede in ihrer Einschätzung. So gilt Mohammed als der letzte und damit aktuellste Prophet. Die Wichtigkeit von Jesus Christus für Christen als Gottessohn und Erlöser wird von Muslimen strikt abgelehnt. Isa, so der arabische Name, wird zwar hoch geachtet und auch seine jungfräuliche Geburt wird anerkannt. »Der Koran erklärt, dass Isa trotz seiner ungewöhnlichen Zeugung ein Mensch ist.«[1]

Mit Juden und Christen verbindet die Muslime neben dem Monotheismus die Erwartung des »Mahdi« oder »Messias« und des Ge-
richts.

Die Sunna

Eine wichtige Rolle spielt für Muslime die Sunna, das heißt das, was
der Prophet Mohammed gesagt, getan, verboten oder stillschweigend geduldet hat. Für Muslime sind die Hadithsammlungen, in
denen die Taten Mohammeds überliefert sind, nicht nur ein rei-
cher Fundus neben dem Koran, sondern eine wichtige Quelle für das
Recht und das Verhalten im täglichen Leben. So steht zum Beispiel
im Koran, dass Muslime täglich beten sollen, aber nicht wie. Deshalb
sind sie auf die Sunna angewiesen, um nach dem Vorbild Mohammeds
zu beten.
Weil vieles im Koran nicht explizit erwähnt oder im Detail beschrieben wird, ist die Sunna unverzichtbar, um das Leben zu gestalten.
Besonders für unser Thema bildet die Sunna eine wichtige Grundlage. Allerdings stoßen wir damit auch auf Schwierigkeiten, da es,
im Gegensatz zum Koran, nicht einfach ein Buch gibt, das für alle
Muslime verbindlich ist. Es gibt viele Hadithe, die unter islamischen
Gelehrten als unterschiedlich sicher gelten. Je nach der Überlieferungskette kann ein Hadith als stark oder schwach gelten. Das heißt,
dass lückenlos überliefert sein muss, wer von wem etwas gehört hat.
Diese Überlieferungskette muss bis auf Mohammed zurückzuführen
und logisch sein. Das heißt, wenn zum Beispiel der fünfte Überliefe-
rer in der Kette erst gerade geboren war, als der vierte starb, gilt der
Hadith als zweifelhaft. Der Inhalt ist dabei in der Regel unwesent-
lich, es sei denn er widerspricht dem Koran.

Die täglichen fünf Gebete [2]

Zentral im Leben der Muslime ist das Gebet. Es strukturiert den Tag.
Fünfmal täglich soll es zu Zeiten verrichtet werden, die vom Lauf
der Sonne bestimmt werden. Damit erfüllen die Gläubigen nicht nur
eine religiöse Pflicht, sondern sie wissen sich durch das Gebet mit
Millionen von Menschen auf der ganzen Welt solidarisch.
Ablauf und Inhalt der Gebete sind genau vorgeschrieben. Gebetet
wird weltweit nur in arabischer Sprache. Ob in der Türkei oder In-

donesien, es besteht praktisch kein Unterschied, das Gebet ist überall das gleiche. Männer sollen wenn immer möglich in der Gemeinschaft, in der Mescid, beten. Frauen dürfen ihre Gebete zu Hause verrichten. Noch ein Wort zu den Begriffen: »Moschee« und »Mescid« werden hier synonym verwendet. Beide Begriffe bedeuten »Ort der Niederwerfung« und kommen vom arabischen Begriff sadschda, Niederwerfen.

Die Situation in der Diaspora zwingt die Muslime zu manchen Konzessionen. Der Arbeitsprozess in einer industriellen Arbeitswelt lässt oft keinen Spielraum, um die Gebete in der vorgeschriebenen Weise zur vorgeschriebenen Zeit zu verrichten. Deshalb müssen die versäumten Gebete später nachgeholt werden.

Obwohl den Männern empfohlen wird, die Gebete in der Gemeinschaft in einer Moschee zu verrichten, beten viele Muslime zu Hause. Entweder ist ihnen der Weg zu einer Moschee zu weit, oder sie wollen sich nicht einem der vielen Vereine anschließen. Die Frauen hingegen dürfen in der Mescid beten, aber sie müssen nicht.[3]

Nur in rituell reinem Zustand kann gültig gebetet werden. Das heißt, der Körper, die Kleidung und der Gebetsplatz müssen rituell rein sein.[4] Außerdem muss die Gebetsrichtung stimmen, das heißt, Betende müssen sich gegen Mekka aufstellen. Zudem muss die Gebetszeit eingehalten werden.

Islamische Gemeinschaften

Sunniten und Schiiten

Im Islam gibt es zwei Hauptrichtungen sowie einige kleinere Gruppierungen. Die Mehrheit mit etwa 85 % der Muslime sind Sunniten, eine große Minderheit mit etwa 12 % sind Schiiten.

Im deutschsprachigen Raum bekennen sich über drei Millionen Menschen zum Islam. Etwa Zweidrittel haben türkische Wurzeln. Insgesamt leben Muslime aus über 20 weiteren Ländern bei uns: Aus Ex-Jugoslawien, dem Iran, Algerien, Marokko, Afghanistan, Ägypten, Tunesien, Pakistan und aus vielen weiteren Ländern. So verschieden wie die Herkunftsländer sind auch die Sprachen und Kulturen, die die Muslime aus ihrer Heimat mitbringen. Die Zahl

der Konvertiten, also derjenigen, die zu einer anderen Religion über-
getreten sind, kann nur schwer geschätzt werden. Durch die Einbür-
gerungen haben immer mehr Muslime die deutsche, schweizerische
oder österreichische Staatsbürgerschaft erworben.[5]
Obwohl zwischen Sunniten und Schiiten Kriege geführt wurden und
auch im heutigen Irak zwischen diesen beiden Glaubensgemeinschaften große Spannungen herrschen, bestehen im Glauben keine großen
Unterschiede. Sunniten und Schiiten haben im deutschsprachigen
Raum jeweils eigene Moscheen und Vereine. Schiiten beten aber
ohne weiteres auch in einer sunnitischen Moschee, da die Anzahl der
schiitischen Moscheen bei uns eher gering ist.
Im deutschsprachigen Raum gibt es Hunderte von Gebetsräumen.
Die meisten haben äußerlich nicht viel gemeinsam mit den prächti-
gen Moscheen, wie wir sie aus islamischen Ländern kennen. Obwohl
diese bisweilen eher geringschätzig als Hinterhofmoscheen bezeich-
neten Gebetsräume von außen sehr bescheiden sind, werden sie
gleichrangig mit den schönen Moscheen für die Gebete verwendet.
Die unzähligen Vereine, die diese Gebetsräume führen, unterscheiden sich vor allem durch die Sprache und ihre Organisationsstruktur
voneinander.

Ahmadiyya[6]

Die »Ahmadiyya-Bewegung des Islam« gehört mit nur etwa 60.000
Mitgliedern im deutschsprachigen Raum zu den Minderheiten.
Durch die Verbreitung des Korans und anderer Schriften sind sie
aber sehr präsent. Weil sie ihren Gründer Mirsa Ghulam Ahmad als
Mahdi, den von allen Muslimen erwarteten Erneuerer des Islams,
betrachten, werden sie von den meisten Muslimen als nicht mehr
zum Islam zugehörig betrachtet. Sie selbst halten sich konsequent
an die islamischen Gesetze und unterscheiden sich diesbezüglich
nicht von anderen Muslimen. Ahmadis haben in Deutschland und
in der Schweiz schöne Moscheen errichtet.

Aleviten[7]

Eine spezielle Gruppierung bilden die Aleviten, die vor allem in der
Türkei vertreten sind. Sie verehren Mohammeds Neffen und Schwie-
gersohn Ali besonders und lehnen mehrheitlich die islamische Ge-

setzgebung ab. Stattdessen setzen sie sich für Demokratie und einen undogmatischen Humanismus ein. Von den fünf Säulen erkennen sie in der Regel nur die erste an, das Glaubensbekenntnis. Sie fühlen sich nicht an das islamische Gesetz gebunden. Von den Sunniten werden sie deshalb als Häretiker, als Irrgläubige abgelehnt.

Die Aleviten werden bereits seit langer Zeit von der sunnitischen Mehrheit massiv unterdrückt. Erst in den letzten zwanzig Jahren besannen sich die Alevitinnen und Aleviten auf ihre Wurzeln und begannen alevitische Kulturzentren zu gründen, die vor allem kulturellen und sozialen Zwecken dienen.

Der Verhaltenskodex der Alevitinnen und Aleviten – hier ist die Nennung beider Geschlechter sehr wichtig! – kann deshalb sehr verschieden sein und reicht von »typisch türkisch« – wie immer das auch aussehen mag – bis beinahe ganz ans Deutsche, Schweizerische oder Österreichische angepasst.

Verschiedene Kulturen

Der Islam ist eine Religion, die Anhänger und Ausprägungen aus ganz verschiedenen Kulturkreisen hat, und wenn auch der Koran für alle Muslime Heilige Schrift und Gesetzbuch ist, so gibt es doch große Unterschiede darin, wie der Glaube gelebt wird. Der Islam ist über die ganze Welt verbreitet. Allein in Deutschland leben Muslime in nennenswerter Zahl aus über 20 Ländern. Sprachliche und kulturelle Unterschiede sind die logische Folge hiervon. Sie entstehen unter anderem auch dadurch, dass inzwischen immer mehr Muslime in zweiter oder dritter Generation in der Diaspora, zum Beispiel im deutschsprachigen Raum, mit und zwischen zwei Kulturen leben. Daher müssen alle generalisierenden Aussagen mit äußerster Vorsicht aufgenommen werden. Manches Verhalten wird von Muslimen selbst als islamisch empfunden, dabei ist es immer auch kulturell geprägt, das heißt, das Verhalten ist türkischer, pakistanischer, bosnischer oder algerischer Ausprägung.

Islamische Werte und Normen

Grundlagen

»Islam ist mein Glaube, Koran ist mein Buch,
Die Kaaba die Richtung, die betend ich such.
Mohammed mein Führer, der leitet mich recht.
Sein Vorbild erleuchtet das Menschengeschlecht.«[8]
Ein Muslim, eine Muslimin bemühen sich, Denken und Handeln unter den Willen Allahs zu stellen. Die wichtigste Grundlage dafür ist der Koran. Nichts darf dem Koran widersprechen. Ein Muslim, eine Muslimin sind Menschen, die sich dem Willen Allahs unterwerfen. Der Islam durchflutet das gesamte Dasein. Für gläubige Muslime gibt es keine Unterscheidung zwischen islamischem (religiösem) und profanem, also weltlichem Leben. Das ganze Leben muss im Einklang mit der Religion sein. Wie es eine junge Muslimin ausdrückte: »Ich bin 24 Stunden am Tag Muslimin!«

Der Koran

Im Gegensatz zur Bibel, die während einer sehr langen Zeit von unterschiedlichen Menschen aufgeschrieben und tradiert wurde, lässt sich die Entstehungsgeschichte des Korans lückenlos zurückverfolgen. Nach islamischer Auffassung wurde der Koran Mohammed Teil für Teil durch den Engel Gabriel überbracht. Schon kurze Zeit nach Mohammeds Tod wurde die endgültige Fassung des Korans vom dritten Kalifen Osman kanonisiert.
Der Koran ist für Muslime die absolute Wahrheit, die von Allah den Menschen verkündet wurde. Nicht Mohammed hat ihn verfasst, er hat ihn nur aufgeschrieben. Er besteht seit Ewigkeit.
Der Koran ist aber nicht nur Heiliges Buch, sondern auch Gesetzbuch, das im Gegensatz zu jedem weltlichen Gesetz als unveränderlich gilt. Dieser Glaube und dieses Verständnis des Korans erschweren oftmals des Gespräch mit Muslimen über ihre heilige Schrift.
Nach dem Glauben vieler Muslime ist im Koran alles Wissen der Welt enthalten. So sollen alle Erfindungen, jeder technische Fortschritt und alle Entdeckungen der Vergangenheit, Gegenwart und Zukunft im Koran enthalten sein.

 Islam

Der Koran ist in 114 Suren (Kapitel) eingeteilt. Abgesehen von der ersten Sure sind sie nach der Länge geordnet. Für Nichtmuslime ist der Koran schwer verständlich und wirkt chaotisch, aber wer sich einmal eingelesen hat, wird darin Antworten auf viele Fragen finden. Christen, die von der Arbeit mit der Bibel her eine historisch-kritische Exegese, eine Auslegung gewöhnt sind, müssen sich umstellen; eine ähnliche Bearbeitung des Korans ist Muslimen unmöglich und käme einer Gotteslästerung gleich. Über (vermeintliche) Widersprüche im Koran ist eine Diskussion mit Muslimen nicht möglich. Der Koran gilt absolut. Die Verse des Korans werden nicht nur als âyât, Zeichen (Gottes), betrachtet, sondern auch das gedruckte Buch wird mit Hochachtung behandelt und nur im rituell reinen Zustand geöffnet.

Rein und unrein – halal und haram[9]

Die Bemühung um rituelle Reinheit durchzieht das Leben aller gläubigen Muslime. So gilt nach einem Wort des Propheten Reinheit als der halbe Glaube. Muslime unterscheiden zwischen halal (rein, erlaubt, statthaft) und haram (verboten, verwehrt).

Äußerliche Reinheit

Ohne die Reinheit des Körpers, der Kleidung und des Gebetsplatzes ist das Gebet nach islamischen Glauben nicht gültig.[10] Alle Ausscheidungen von Mensch und Tier sind haram, unrein: Urin, Kot, Eiter, aber auch Blut. Im unreinen Zustand darf weder der Koran geöffnet, noch dürfen Suren daraus auswendig rezitiert werden.
Eine menstruierende Frau gilt nach dem Volksmund als so unrein, dass ihr ein wichtiger Teil der Religionsausübung verwehrt ist. Während der monatlichen Regel kann eine Frau die täglichen Gebete nicht verrichten. Sie hält sich vom Koran fern und meidet die Moschee.[11] Im Fastenmonat Ramadan fallen für eine menstruierende Frau die Fastentage aus. Das heißt, sie darf das Fasten nicht halten und muss die versäumten Tage später nachholen. Die versäumten Gebete sind ihr von Gott erlassen.[12] Nach der Menstruation reinigt sich die Frau durch die große Reinigung (ghusl).
Die sogenannte kleine Waschung (wudu) wird mit reinem, fließendem Wasser durchgeführt: Je dreimal die Hände waschen, Mund

und Nase spülen, das Gesicht und die Unterarme dreimal waschen, mit der nassen Hand über die Haare, die Ohren und den Nacken streichen, die Füße dreimal waschen.

Dazu müssen Männer und Frauen nach jedem Geschlechtsverkehr (resp. Samenerguss), Frauen zudem nach der Menstruation und Entbindung die große Waschung (ghusl) ausführen. Das heißt, die Waschung findet unter der Dusche statt. Zusätzlich zum ganzen Körper müssen auch die Haare gewaschen werden.

Die linke Hand wird für Intimwaschungen verwendet. Deshalb gilt sie nach dem Volksmund als unrein. Es wird empfohlen, möglichst nicht mit der linken Hand zu essen oder trinken. Es gibt aber auch unter Muslimen Linkshänder.

Wenn jemand weder geschlafen noch die Toilette aufgesucht hat, behält die Waschung ihre Gültigkeit auch für das nächste Gebet, das heißt, dass nicht unbedingt fünfmal täglich die Waschung durchgeführt werden muss.

Es gibt strenge Muslime, die jedes Mal, wenn sie einer Frau die Hand gegeben haben, wieder die Waschung durchführen.

Kleidung wird durch jede Ausscheidung von Mensch oder Tier unrein. Die Mutter, die ihrem Kind frische Windeln anzieht, muss darauf achten, dass nichts von der kindlichen Ausscheidung auf ihr Kleid gelangt, sonst muss sie sich für das Gebet umziehen.

Muslimische Kinder werden von klein auf daran gewöhnt, die Ausscheidungsorgane nach dem Urinieren bzw. dem Stuhlgang nicht bloß mit Papier, sondern vor allem mit Wasser zu reinigen. Deshalb finden wir in jeder Toilette von Muslimen einen Wasserbehälter.[13]

Die Reinheit bezieht sich auch auf den Raum. Um nicht nur eine Verschmutzung, sondern auch rituelle Verunreinigung zu vermeiden, werden vor dem Betreten von allen islamischen Wohnungen und natürlich auch der Gebetsräume die Schuhe ausgezogen. Übrigens ist diese Sitte, die Schuhe auszuziehen, keine Erfindung des Islam. Wir treffen sie in vielen Ländern und Religionen.

Was der Mensch zu sich nimmt

Beim Essen und Trinken wird auch zwischen halal und haram unterschieden.

Haram ist Schweinefleisch und alles Fleisch, das nicht im Namen Gottes geschlachtet wurde. Von Juden und Christen geschlachtetes

Fleisch dürfen Muslime essen. Fleisch aus einer jüdischen Metzgerei
ist für Juden koscher, für Muslime halal. Das Schlachttier muss jedoch nach islamischem Ritus geschlachtet sein, dem Schächten; die
jüdische Art des Schlachtens ist die gleiche. Hierbei wird das unbe-
täubte Tier mit einem gezielten Schnitt, durch den die Halsschlagader, die Luft- und die Speiseröhre durchtrennt wird, getötet. Danach
muss das Fleisch vollkommen ausbluten. Das Schächten ist in
Deutschland und in der Schweiz nach dem Tierschutzgesetz verboten. In Deutschland ist das Schächten aber bei religiöser Motivation
in engen Grenzen erlaubt. Muslime in der Schweiz importieren ihr
Halal-Fleisch aus Frankreich. Rechtzeitig für das Opferfest 2005
gab die Basler Muslim Kommission bekannt, dass das Schächten
nach vorheriger Betäubung des Tieres auch erlaubt sei.[14] Strenggläubige Muslime akzeptieren nur Halal-Fleisch aus islamischer
Schlachtung, die weniger strengen kaufen das Fleisch auch in einer
gewöhnlichen Metzgerei. Da in vielen Lebensmitteln tierische Produkte verarbeitet werden, muss von Muslimen die Deklaration der
einzelnen Lebensmittel genau beachtet werden.
Alkohol gehört auch zu den verbotenen Substanzen.[15] Muslime dürfen weder Wein noch Bier oder sonstige Formen von Alkohol zu
sich nehmen, auch keine Schokolade oder Pralinen, die mit Alkohol
gefüllt sind. Es gibt den Ausspruch, dass ein Tropfen Alkohol einen
ganzen Ozean ungenießbar macht.

Wissen und Wissensvermittlung

Muslime sind meist sehr wissensbeflissen. Das Wissen über die eigene Religion ist für Muslime ein Wert, der sehr hoch geschätzt wird.
Für Außenstehende allerdings wirkt das Wissen, das vermittelt wird,
einseitig. Im Mittelpunkt steht der Koran. Kinder, Jugendliche und
Erwachsene lernen die korrekte Rezitation des Korans und Teile des
heiligen Buches auswendig. Weiteres Wissen vermittelt der Imam
oder Hodscha. Zu jedem islamischen Zentrum gehört eine Koran-
schule. Weiterhin gibt es jeden Freitag vor dem Mittagsgebet eine
Belehrung. Im Fastenmonat Ramadan hält ein Imam jeden Abend
eine Ansprache, die darauf zielt, das Wissen zu vermehren.
Auch mit den modernen Mitteln der Kommunikation wird die Wissensvermittlung gepflegt. So gibt es auch schon islamischen Unterricht
per Newsletter.[16]

Die Familie

»*Die Familie ist ein Bollwerk, das allen Angehörigen Schutz,
Sicherheit und Versorgung garantiert. Die Gesetze dieser Sozietät
sind zwar ungeschrieben, sie werden jedoch als selbstverständlich
respektiert.*«[17]
Die Stellung von Mann und Frau innerhalb der Familie ist im Koran
ausführlich geregelt. Ebenso alles, was das Heiraten, die Sexualität,
den Ehebruch, die Scheidung, das Erben und vieles mehr, was die
Familie betrifft. Für manches gibt es Hadithe. Die Familie stellt im
Islam einen sehr hohen Wert dar. Entsprechend wichtig sind viele Umgangsformen.
In einer muslimischen Familie haben die Kinder Pflichten gegenüber
den Eltern, die Eltern gegenüber den Kindern. Dem biblischen Gebot[18]
ähnlich, verlangt der Koran Güte gegenüber den Eltern.[19] Die Familien
sind die kleinsten Stützen der Gemeinschaft. Wenn sie ihre Rechte und
Pflichten kennt und entsprechend handelt, wird die Familie nach islamischem Glauben zu einer Quelle des Glücks und der Freude.[20]

Islamische Umgangsformen

»*Was ist islamisches Verhalten? [...] Solche gute Taten, die mit den
guten Worten im Einklang stehen, solche gute Taten, die unsere
Behauptung, daß wir an Allah glauben und Muslime sind, bewahr-
heiten, die sind islamisches Verhalten. [...] Den Namen ›Muslime‹
haben sie* [die Muslime zur Zeit des Prohpeten Mohammed] *und haben wir nicht, weil sie und wir etwa die Verwirklichung des Ideals
des Islams erreicht hätten, – im Gegenteil, und darin liegt oftmals der
Trugschluß begründet – sondern weil sie und weil wir der Richtigkeit
des Weges zugestimmt haben und uns – allenfalls – auf diesem Weg
befinden. [...] Es ist ein zu erlernendes Verhalten, das mit Läuterung
(tazkijja) einhergeht, und ein Muslim verhält sich nicht gewisser-
maßen automatisch islamisch, sondern ist zunächst einfach nur ein
Mensch, bei dem die Aussicht besteht, daß er sich um islamisches
Verhalten bemüht. Möge Allah uns alle dafür stärken und Erfolg ge-
währen.*«[21]
Mit diesen kritischen Worten umreißt der Muslim Ahmad von Denffer das Thema und lehnt damit das Überlegenheitsdenken ab.

Im Kapitel Christentum fragten wir, was als höflich und was als distanzlos gilt und stellten fest, dass die Grenzen dabei fließend sind und auch von der Situation abhängen. Diese Feststellung gilt im Islam nur bedingt. Das bedeutet, dass die Verhaltensregeln noch mehrheitlich festgelegt sind. Die Umgangsformen richten sich nach klaren Mustern. Allerdings sind Veränderungen in der zweiten, und erst recht in der dritten Generation derjenigen Muslime und Musliminnen zu erwarten, die in Gebieten leben, in denen sie eine religiöse Minderheit darstellen. Obwohl der Islam für alle Muslime die gleiche Religion ist, sind so viele kulturbedingte Unterschiede festzustellen, dass es oft schwer fällt, zu bestimmen, was nun »islamisch« ist und was nicht.

Muslime in der Diaspora befinden sich in einer schwierigen Situation. Sie sind eine Minderheit. Nach zaghaften Annäherungsversuchen zwischen der nichtmuslimischen Mehrheit und der muslimischen Minderheit ist vieles durch die Attentate, die von extremen muslimischen Gruppierungen in den letzten Jahren verübt wurden, wieder in Frage gestellt worden. Muslime müssen eine schwierige Gratwanderung zwischen Anpassung und Selbstbehauptung vollbringen.

Toleranz

»Es gibt keinen Zwang in der Religion. Der richtige Wandel unterscheidet sich nunmehr klar vom Irrweg. Wer also die Götzen verleugnet und an Gott glaubt, der hält sich an der festesten Handhabe, bei der es kein Reißen gibt. Und Gott hört und weiß alles. Gott ist der Freund derer, die glauben: Er führt sie aus den Finsternissen hinaus ins Licht. Diejenigen, die nicht glauben, haben die Götzen zu Freunden; sie führen sie aus dem Licht hinaus in die Finsternisse. Das sind die Gefährten des Feuers, sie werden darin ewig weilen.«[22]

Muslime sind zur Toleranz verpflichtet. Juden und Christen beten auch zu nur einem Gott, haben die gleichen Propheten und ebenso ein heiliges Buch. Deshalb gelten Juden und Christen als »Schriftbesitzer«, die von Muslimen geachtet werden sollen. Der Koran verlangt von Muslimen die Achtung der »Schriftbesitzer«.

Da Muslime nicht im luftleeren Raum leben und zwangsläufig mit Nichtmuslimen Kontakt haben, stellen sich für sie daraus resultierend einige praktische Fragen. Dürfen Muslime in einer christlichen Kirche beten? Das wird zum Beispiel für Muslime relevant, wenn

sie in einer Kirche an einem christlich-islamischen Gespräch teilnehmen und die Gebetszeit eintritt. »Wenn damit das islamische Gebet (salat) gemeint ist, so lautet die Antwort: ja. Allerdings mit der Einschränkung, dass man die Kirchenbesucher nicht stört. Es ist dabei eine Frage des praktischen Anstands, dass man vorher um Erlaubnis bittet. Der Prophet sagt, dass die ganze Erde als Gebetsplatz für die Gläubigen geschaffen wurde.«[23]
Ein Muslim darf die christlichen Feste nicht feiern.[24] Dies ist im Kindergarten in der Weihnachtszeit manchmal ein Problem. Das muslimische Kind sollte sich an den gemeinsamen Festvorbereitungen so beteiligen können, dass es nicht in Widerspruch zu seiner religiösen Grundhaltung gerät.[25]
Wenn Muslime auch christliche Feste nicht feiern dürfen, gehört es aber zum guten Umgang, dass christliche, jüdische und andersgläubige Mitmenschen zu deren religiösen Festen beglückwünscht werden. »Ihre heiligen Feste müssen respektiert werden!«[26]
Bei der Bitte, als Trauzeuge an einer kirchlichen Hochzeit teilzunehmen, kann ein Muslim oder eine Muslimin in Gewissensnöte geraten. Die Heirat in der Kirche ist ein religiöser Akt, an dem Muslime nicht teilnehmen, aber zuschauen dürfen. Selbstverständlich ist es einem Muslim unbenommen, an der standesamtlichen Eheschließung als Trauzeuge mitzuwirken. Dies ist ein staatlicher und kein religiöser Akt.[27]

Nähe und Distanz

Für die Umgangsformen ist die Frage nach der Nähe und der Distanz dominierend. In den islamischen Kulturen gibt es klare Abstufungen und Grenzen zwischen den Geschlechtern und den Altersgruppen. Dem ältesten Mann wird das höchste Maß an Ansehen, Ehrerbietung und Höflichkeit eingeräumt, deshalb ist es ist üblich, dass ein jüngerer Mann schweigt, wenn er nicht direkt angesprochen wird. Vom älteren Mann oder dem Familienvater wird aber auch erwartet, dass er in allem ein Vorbild ist. Ihm wird mit Respekt begegnet.
Dies zeigt sich auch in der Sitzhaltung. Übereinandergeschlagene Beine gelten als Missachtung, obwohl unter Jüngeren immer häufiger auf diese Weise gesessen wird. Aus dem gleichen Grund strecken wir im Sitzen niemandem die Fußsohlen entgegen. Aber nicht nur Älteren gegenüber gilt diese Haltung. Eine solche Sitzhaltung gilt generell

als abweisend. Wer als anständig gelten will, sitzt aufrecht mit den
Beinen nebeneinander.

 Wenn wir auf dem Boden sitzen, wie dies unter anderem in der
Mescid der Fall ist, strecken wir die Beine nicht von uns weg.
Frauen sitzen möglichst auf den Knien. Männer können auch mit
untergeschlagenen Beinen sitzen, was bei Frauen hingegen unerwünscht ist.

Begrüßung

Männer grüßen Männer und Frauen grüßen Frauen mit Handschlag.
Dabei geben sie sich nicht einfach nur die rechte Hand, sondern le-
gen wie zur Bekräftigung die linke auf die andere Hand auf. Dies ist
die normale Begrüßung unter Muslimen und Musliminnen. Dabei
wünscht die erste Person den Frieden mit »as-salamu`aleikum!«, die
Antwort ist »wa `aleikum salam!«, »Auch Dir sei Friede!«.
Wenn zwei Menschen sich nahe stehen, begrüßen sie sich mit einer
Umarmung und oft mit einem »Bruderkuss« oder vielleicht besser
»Geschwisterkuss«, da Frauen sich untereinander auch so begrüßen.
Mit dieser intimeren Begrüßungsart begrüßen sie sich auch bei gro-
ßen Festen, wenn jemand zum Hadsch nach Mekka verreist oder als
Hadschi zurückkommt.
Muslime begrüßen Nichtmuslime im Alltag nach den lokalen Regeln.
Wenn Nichtmuslime hingegen Muslime in deren eigenem Umfeld be-
suchen, entstehen oft Unsicherheiten.
Der Handschlag, wie wir ihn kennen, ist sicher richtig, Umarmung
und »Bruderkuss« hingegen nur, wenn beide relativ eng befreundet
sind. Ob wir nun »Grüß Gott!«, »Guten Tag!« oder gar islamisch
»Salam aleikum!« sagen, ist individuell und Geschmackssache. Es
gibt hier kein Richtig oder Falsch.

Mann und Frau

Unzucht und Ehebruch gelten neben dem Mord als besonders schwere Verbrechen. Deshalb treffen Muslime möglichst viele Maßnahmen,
um gar nicht erst in Gefahr zu geraten.
Das Beisammensein von nicht eng verwandten Menschen verschiedenen Geschlechts meiden Muslime, es ist ihnen verboten.[28] Nicht

einmal Verlobte dürfen sich alleine treffen, dies geschieht nur in Gegenwart Dritter. Sie können sich gegenseitig kennen lernen und mehr über die Denkweise und Art des zukünftigen Lebenspartners erfahren. Die Verlobten sollten sich jedoch nicht über zu intime Dinge unterhalten, hiermit müssen sie bis zu ihrer Ehe warten.[29]

Weil es kaum möglich ist, die Trennung der Geschlechter konsequent durchzuführen, gibt es bestimmte Verhaltensregeln, die eingehalten werden müssen. So sollen Frau und Mann sich nicht in die Augen schauen, das heißt, sie sollen die Blicke senken.[30] »Anstatt durch ihre Gefallsucht die Aufmerksamkeit verliebter Fremder auf sich zu ziehen, ist es die Pflicht der Muslimin, ihre Schönheit und ihre Reize für ihren Gatten zu bewahren.«[31] Das heißt, dass sich eine Muslimin so bedecken soll, dass nur noch die Hände und das Gesicht zu sehen sind. Die Diskussion über das Kopftuch der Muslimin lassen wir dabei hier außer Acht. Eigentlich gehörte es auch zur Toleranz und freien Religionsausübung, dass ein Mensch sein Äußeres entsprechend seiner Religion und Kultur zeigen kann.

Für beide Geschlechter gilt, dass die Kleidung nicht aufreizend sein darf. Für den Mann heißt das, dass enge Hosen, die die Genitalien betonen, verboten sind. Die Kleidung sollte praktisch sein und bedecken, was nicht für fremde Augen bestimmt ist.

Männer und Frauen, die nicht miteinander verheiratet oder eng verwandt sind, dürfen nicht unmittelbar nebeneinander sitzen, einander nicht berühren, auch zur Begrüßung nicht die Hand reichen und sich ohne Beisein Dritter auch nicht allein begegnen oder allein in einem Zimmer aufhalten.[32]

Im Bus oder in der Straßenbahn ist eine strikte Trennung nicht möglich und auch nicht nötig. Dort dürfen Mann und Frau auch nebeneinander sitzen, wenn kein anderer Platz frei ist. Frauen und Männer geben sich normalerweise nicht die Hand. In unserem Kulturraum wird es so gehandhabt, dass eine muslimische Frau nicht zuerst die Hand gibt. Wenn ihr ein nichtmuslimischer Mann die Hand entgegenstreckt, wird sie diese in der Regel ergreifen, um in unseren Augen nicht als unhöflich zu gelten.

Wenn ein Muslim an einer Frau vorbeigeht, ohne sie in irgendeiner Weise zu grüßen, ist er unhöflich und kann sich nicht mit seinem Glauben entschuldigen. Wenn es ein muslimischer Mann vermeiden will, einer Frau die Hand zu geben, kann er auch die rechte Hand auf seine Brust legen, leicht den Kopf neigen und freundlich grüßen.

Gastfreundschaft, Gastrecht, Gastpflicht!

Muslime sind sehr gastfreundlich. Das hat Tradition. Muslime mussten in früheren Zeiten unentgeltlich Gäste bis zu drei Tage aufnehmen.[33] Eigentlich müssen wir von »Gastpflicht« und »Gastrecht« sprechen. Die Forderung ging sogar so weit, dass ein Heide, der Zuflucht suchte, aufgenommen und ihm weitergeholfen werden musste.[34] Heute gilt und empfindet sich ein Muslim als unhöflich, wenn er einen Gast abweist bzw. abweisen würde.

Wer Muslime besucht, ob er selbst Muslim ist oder nicht, beachtet jedoch ein paar wenige Grundregeln. Die Kleidung ist genauso sauber und angemessen wie für einen Besuch in der Mescid. Selbstverständlich ziehen wir die Schuhe aus, wenn die Gastgeber nichts Gegenteiliges sagen. Kleine Geschenke wie Blumen oder Schokolade sind immer gern gesehen. Bei der Schokolade sollten wir unbedingt darauf achten, dass sie keinen Alkohol enthält. Alkoholische Getränke sind natürlich unangebracht. Auch die schöne Räucherwurst oder andere Fleischprodukte sind keine geeigneten Geschenke für Muslime, weil sie nicht halal sind.

Vor dem Essen waschen wir uns die Hände. Wir beginnen erst mit dem Essen, wenn der Gastgeber ein Tischgebet gesprochen hat. Beim Essen achten wir darauf, dass wir nur mit der rechten Hand essen, da ja die linke als unrein gilt.

Bei der Sitzordnung achten wir darauf, dass wir entweder paarweise oder nach Geschlechtern getrennt sitzen.

Muslime zu Besuch bei Nichtmuslimen

Es gibt viele Gelegenheiten, bei denen Muslime mit Nichtmuslimen zusammen sind, sei dies bei einem Geschäfts- oder Arbeitsanlass, bei uns zu Hause, bei einem Elternabend in der Schule oder im Kindergarten oder bei einem Begegnungsanlass von Muslimen und Christen. Zunächst sehen wir im Kalender nach, ob das Treffen nicht ausgerechnet an einem der wenigen islamischen Feiertage oder während des Ramadan, dem Fastenmonat, geplant ist.

Wenn der Termin nur während des Ramadan möglich ist, sollten Sie daran denken, dass fastende Muslime nach Sonnenuntergang beten und essen möchten. Bei ganztägigen Veranstaltungen sollten Sie so planen, dass Muslime, die beten möchten, genügend Pausen und

Platz dafür haben. Die Gebetszeiten können Sie erfragen, im Internet finden[35] oder sie bei Muslimen erfahren, in islamischen Zentren oder Informationsstellen zu Religionen.

Auf jeden Fall sollte die Zusammenkunft alkoholfrei gestaltet werden. Es gibt so viele alkoholfreie Getränke, dass es kaum Schwierigkeiten bereiten sollte, fast alle zufrieden zu stellen.

Falls es etwas zu essen gibt, sollten Sie die Gäste fragen, wie sie es mit dem Fleisch halten. Im Zweifelsfall sollte auf Fleisch verzichtet werden. Servieren Sie jedoch auf gar keinen Fall Schweinefleisch. Denn selbst die Muslime, die in anderen Dingen sehr liberal sind, essen mehrheitlich kein Schweinefleisch. Wenn Sie sich nicht sicher sind, fragen Sie vorher ihre muslimischen Gäste, wie sie es mit der Halal-Ernährung halten. Dann kann man sich die Peinlichkeit ersparen, dass Gäste zum Beispiel nur Kartoffeln und Gemüse essen und das Fleisch nicht anrühren, weil sie nur Fleisch aus islamischer Schlachtung essen.

Bezüglich der Sitzordnung können wir leicht und diskret auf die Gefühle unserer Gäste Rücksicht nehmen, indem wir dafür sorgen, dass entweder paarweise oder nach Geschlechtern getrennt gesessen wird.

 Sollten Sie besorgt sein, Muslime einzuladen, weil Sie fürchten, Fehler zu machen, dann fragen Sie sie. Sie werden Ihnen gerne helfen, dass die Begegnung ein Erfolg wird!

Die Moschee: Heiliger Ort oder nur Versammlungsraum?

Die Moschee oder Mescid ist der »Ort der Niederwerfung« (arabisch sadschda), der Bet- und Versammlungsort der Muslime.

Grundsätzlich gilt die ganze Welt als Moschee. In der Praxis dient ein für diesen Zweck eingerichteter Raum als Moschee. Die meisten der inzwischen etwa 3.000 Gebetsräume im deutschsprachigen Raum sind in Wohnungen, Lagerräumen oder Geschäften eingerichtet.

Für die Einrichtung einer Mescid braucht es zunächst wenig: Ein Teppich bedeckt den Boden. Eine Nische (Mihrab) für die Bestimmung der vorgeschriebenen Richtung nach Mekka wird errichtet. Aber auch ein kleiner Gebetsteppich, der immer liegen bleibt und dem Vorbeter, dem Imam, als Unterlage beim Gebet dient, kann den

gleichen Zweck erfüllen. Ein Treppchen daneben erfüllt die Funktion als Mimbar, auf der der Imam die Hutba, die Freitagspredigt hält.

Entweder im gleichen oder in einem separaten Raum gibt es niedrige Lesepulte, auf die beim Koranunterricht der Koran gelegt wird. Dieser Raum ist nach islamischem Glauben nicht heilig, sondern wird nur durch die Gebete geheiligt. Das Wichtigste ist die Beachtung der rituellen Reinheit. Deshalb darf der Raum unter gar keinen Umständen jemals mit Straßenschuhen betreten werden.

In den meisten Fällen sind diese Räume nicht sehr groß, sodass die Frauen in der Regel zu Hause beten. Im Idealfall haben sie einen oder sogar mehrere abgetrennte Räume, damit die strikte Geschlechtertrennung eingehalten werden kann. In manchen Mescid gibt es spezielle Frauentage, an denen das ganze Lokal den Frauen vorbehalten ist.

> **Wer die Mescid betritt, kleidet sich dem Ort angemessen. Die Kleidung muss korrekt sein und darf die Figur nicht betonen.**

Muslimische Frauen müssen so angezogen sein, dass nur noch Gesicht, Hände und Füße sichtbar sind.

> **Besucherinnen und Besucher sollten mit ihrer Kleidung Rücksicht auf den Ort und die Gefühle der Muslime nehmen.**

Das heißt, die Frauen tragen Blusen oder T-Shirts mit langen Ärmeln und Hosen oder Röcke, die deutlich über die Knie reichen. Schon aus praktischen Gründen sind weite, längere Röcke zu empfehlen, da in einer Mescid auf dem Boden gesessen wird. Für eine Frau ist es unbequem, ständig am zu kurzen Rock ziehen zu müssen, damit die Muslime, die vorne sitzen und Auskunft geben, nicht gezwungen sind, unter ihren Rock zu schauen. Alles, was bauchfrei ist, ist tabu!

Männer tragen lange Hosen und Hemden oder T-Shirts. Dass die Kleidung sauber sein soll, braucht wohl kaum noch extra betont zu werden. Ob weibliche Gäste während des Gebets ein Kopftuch tragen sollen, ist Geschmackssache. Früher habe ich bei meinen Moscheeführungen immer eine Anzahl Kopftücher mitgenommen und verteilt. Inzwischen mache ich dies nicht mehr. Wenn Muslime wün-

schen, dass Frauen sich bedecken, stellen sie selbst Kopftücher zur
Verfügung; dies ist aber eher die Ausnahme.
Und nochmals das leidige Thema Handy! Das Handy wird für die
Dauer des Besuches ganz abgestellt. In immer mehr Mescids ist am
Eingang das Signet »Handy verboten« angebracht worden. Obwohl
sich manche Muslime selbst nicht daran halten, gelten für uns Gäste
verschärfte Bedingungen, wenn wir nicht als unhöflich gelten wollen.
Nichtmuslimische Gäste sitzen in der Mescid während des Gebets
möglichst weit hinter den Betenden. In früheren Jahren habe ich
selbst die Gebete oftmals mit einer Gruppe Besuchender mitgemacht.
Allerdings beschränkte es sich darauf, die Bewegungen nachzuahmen,
weil von den Besuchenden außer mir niemand die Inhalte kannte. Inzwischen bin ich nach Gesprächen mit Muslimen ganz davon abge-
kommen. Wir beschränken uns auf die Rolle als – hoffentlich gern
gesehene – Beobachterinnen und Beobachter.
Für uns ist das Sitzen auf dem Boden ungewohnt. Trotzdem sollten wir uns nach dieser Sitte richten. Dabei sitzen wir Männer im
Schneidersitz, die Frauen mit untergeschlagenen Beinen. Wer aus ge-
sundheitlichen Gründen nicht auf diese Weise sitzen kann, darf auch
auf einem Stuhl sitzen. Meist gibt es in einer Moschee für solche Fälle
einzelne Stühle. Muslime, die gesundheitliche Probleme haben, beten
sogar auf einem Stuhl sitzend.

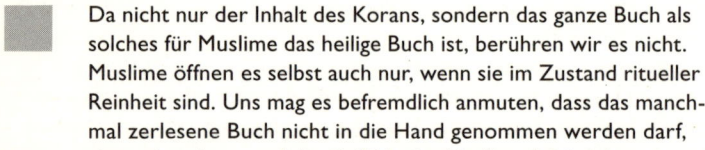

Da nicht nur der Inhalt des Korans, sondern das ganze Buch als
solches für Muslime das heilige Buch ist, berühren wir es nicht.
Muslime öffnen es selbst auch nur, wenn sie im Zustand ritueller
Reinheit sind. Uns mag es befremdlich anmuten, dass das manchmal zerlesene Buch nicht in die Hand genommen werden darf,
aber wir nehmen auf die Gefühle der Muslime Rücksicht.

Dass das Buch ramponiert aussehen kann, weist darauf hin, dass es
sehr häufig gelesen wird. Sicher zeigt uns ein Muslim den Koran von
innen und liest uns daraus vor, wenn wir ihn darum bitten.
Wenn Nichtmuslime eine Mescid besuchen, ist es für Muslime Pflicht,
dass sie die Gäste mit Anstand behandeln. Wenn ein Imam einem
Gast ausrichten lässt, dass er nicht mit einem »Ungläubigen« spricht,
ist dies nicht nur ein elementarer Mangel an Anstand, sondern
ein ebenso großer Mangel an Kenntnissen über die eigene Religion. Das andere Extrem ist genau so verwerflich, nämlich wenn ein

Gast bedrängt wird, den Islam als einzig wahre Religion zu akzeptieren. Zum Glück sind das absolute Einzelfälle. Die Mehrheit der Muslime freut sich darüber, wenn Nichtmuslime Interesse an ihrer Religion zeigen und sich direkt bei Muslimen darüber informieren wollen.

Zusammenfassend noch einmal die Dinge, die Nichtmuslime beim Besuch einer Moschee unbedingt beachten sollten:

- *Tragen Sie angemessene Kleidung.*
- *Schalten Sie das Handy aus.*
- *Begeben Sie sich nicht in eine Diskussion über die Wahrheit des Korans.*
- *Bezeichnen Sie Muslime nie als Mohamedaner.*
- *Nehmen Sie den Koran nicht in die Hand. Sollte dieses doch einmal der Fall sein, legen Sie diesen nie auf dem Boden ab.*
- *Benutzen Sie die Lesepulte nicht als Sitzgelegenheit. Wenn Sie nicht auf dem Boden sitzen können, fragen Sie nach einem Stuhl.*

Feiern und Feste im Jahres- und Lebenslauf

Der Fastenmonat Ramadan

Im islamischen Monat Ramadan sollten alle Muslime ab der Pubertät vom Anbruch der Dämmerung bis zum Sonnenuntergang fasten. Das heißt, sie dürfen nicht essen, trinken oder rauchen. Nach Sonnenuntergang wird das Fasten gebrochen, gebetet und gegessen. Anschließend treffen sich viele Muslime in einer Mescid, um das spezielle Ramadangebet taravih zu verrichten. Menstruierende Frauen dürfen nicht fasten, müssen aber später die versäumte Fastenzeit nachholen.

Als Abschluss des Fastenmonats feiern die Muslime id al-fitr (türkisch: Ramazan Bayrami). Weil viele Süßigkeiten gegessen werden, nennen manche Türken dieses Fest auch seker bayrami, das Zuckerfest.

Sie können auf fastende Muslime Rücksicht nehmen, indem Sie sie entweder nicht während des Ramadan zum Essen einladen oder indem Sie den Eingeladenen zu erkennen geben, dass Sie ihre Sitten kennen und erst unmittelbar nach Sonnenuntergang das Essen auf den Tisch bringen werden.

Wenn wir hingegen bei Muslimen während des Ramadan zu Besuch sind, müssen wir uns darauf einrichten, dass es erst nach Sonnenuntergang zu trinken und zu essen gibt.

Während des Ramadan laden Muslime reihum ihre Verwandten und Bekannten zum iftar, dem Fastenbrechen, ein. Dies ist immer ein kleines Fest mit gutem Essen. Wer als Nichtmuslim dazu eingeladen wird, kann sich freuen!

Die Wallfahrt nach Mekka und das Opferfest

Knapp drei Monate später beginnt die Wallfahrt nach Mekka, die von jedem Muslim und jeder Muslimin einmal im Leben vollzogen werden muss. Mekka bildet den symbolischen Mittelpunkt des Glaubens aller Muslime: Die Gebetsrichtung wird durch die Hinwendung nach Mekka bestimmt, die Wallfahrt führt nach Mekka, der Prophet stammt aus Mekka. Der Höhepunkt ist das »große Fest«, id al-adha, (türkisch: Qurban Bayrami). Dieses Fest wird überall auf der Welt von den Muslimen gefeiert. Manche feiern auch den Geburtstag von Mohammed.

Geburt eines Kindes

Die Geburt eines Kindes ist für die Familie ein Freudentag, denn es gehört zur Bestimmung der Ehe, dass ein Ehepaar Kinder bekommt. Dem Neugeborenen wird das Glaubensbekenntnis ins Ohr geflüstert.[36] Nach zwei bis drei Tagen gibt es eine Namensgebungszeremonie.
Die Geburtstage sind für Muslime nicht so wichtig und werden deshalb auch kaum gefeiert.

Beschneidung der Knaben

Die Beschneidung der Knaben ist im Grunde kein islamischer Brauch, dennoch werden alle männlichen Muslime beschnitten. Die Beschneidung ist eine Handlung, die Mohammed sehr stark empfohlen hat. Sie bestimmt aber nicht über die Zugehörigkeit zum islamischen Glauben.[37] »Muslim wird man durch Aussprechen des islamischen Glaubensbekenntnisses und nicht etwa erst durch die Beschneidung.

Angeblich soll es sogar in Deutschland vorgekommen sein, dass man
von jemandem, der den Islam annehmen wollte, zunächst eine ärzt-
liche Bescheinigung hinsichtlich einer bereits erfolgten Beschneidung
verlangt habe. Das ist natürlich Unsinn, denn wäre die Beschneidung
tatsächlich verpflichtend, dann würde eine solche Verpflichtung erst
mit Annahme des Islam entstehen und nicht schon vorher.«[38]
Für manche Muslime ist aber die Beschneidung so zentral, dass erst
die Beschneidung einen Mann zum Muslim macht[39] und vorausgesetzt wird, damit ein Mann eine muslimische Frau heiraten kann.
Die Beschneidung oder richtiger Verstümmelung der Mädchen ist
kein islamischer Brauch, daher soll hier nicht näher darauf eingegangen werden.[40]
Wenn ein Knabe beschnitten wird, ist das ein großes Fest, zu dem die
ganze Verwandtschaft eingeladen wird. Die Beschneidung kann vom
ersten Lebenstag bis zum neunzehnten Lebensjahr vorgenommen
werden.[41]
In der Praxis wird die Beschneidung entweder direkt nach der Geburt oder aber im Alter ab etwa sieben Jahren durchgeführt. Der
Eingriff wird von einem Arzt oder von einem Beschneider unter Beachtung der nötigen hygienischen Maßnahmen ausgeführt. Anschließend wird ein Fest gefeiert. Die Angehörigen gehen in die Mescid
und beten getrennt nach Geschlechtern. Nachher offeriert die Familie Essen und Trinken. Andere Muslime mieten einen Saal und
laden Verwandte und Bekannte unabhängig von der Religionszugehörigkeit ein. Der Knabe erhält schöne Kleider und bei türkischen
Muslimen eine spezielle Mütze und eine Schärpe. Die meisten Gäste
bringen dem Jungen ein Geschenk mit.

Hochzeit[42]

Vor der eigentlichen Hochzeitsfeier wird die »Imamehe« geschlossen. Vor dem Imam unterzeichnen die Brautleute den Ehevertrag.
Dies ist zu vergleichen mit dem Akt auf dem Standesamt. Dazu
kommt die engere Familie. Kurze Gebete geben einen religiösen, Getränke und Gebäck einen kulinarischen Aspekt.
Am Abend vor der Hochzeitsfeier treffen sich die Frauen beider
Familien zur »Henna-Nacht« (Kinagecesi). Weibliche Verwandte
der Braut bringen Henna auf einem Teller oder in einer Schüssel.
In der Mitte steht eine Kerze. Die Braut erhält Henna entweder in

die Handfläche oder an den kleinen Finger. Der Rest des Henna wird an die Anwesenden verteilt. Je nach Familie und Herkunft sind auch die Männer dabei.

Der Bräutigam holt am Tag des Hochzeitsfestes die Braut zu Hause ab und bringt sie zum Festsaal. Die Hochzeitsfeier wird entweder in einer Moschee oder in einem für diesen Zweck gemieteten Saal abgehalten. Die Hochzeit ist eine Angelegenheit nicht nur der ganzen Familie, sondern auch des engeren und weiteren Bekanntenkreises. Immer öfter werden auch Nichtmuslime dazu eingeladen. Genau abgezählte Gäste und handverlesene Einladungen sind nicht üblich.

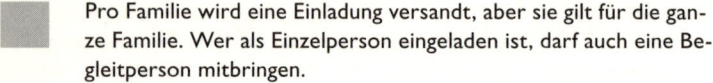

Pro Familie wird eine Einladung versandt, aber sie gilt für die ganze Familie. Wer als Einzelperson eingeladen ist, darf auch eine Begleitperson mitbringen.

Meist kommen Hunderte zu einer Hochzeit. Wenn die Hochzeit in der Moschee stattfindet, findet die Feier nach Geschlechtern getrennt statt, in einem Saal meist nicht. Manchmal ist der Saal durch einen Vorhang oder eine Schiebewand in einen Männer- und einen Frauenteil getrennt. Es gibt keine zugeordneten Plätze. Alle sitzen dort, wo Platz ist.

Die engeren männlichen Familienangehörigen kommen sicher mit Anzug und Krawatte, alle Frauen und die Gäste tragen festliche Kleidung.

Selbstverständlich ist es üblich, für das Brautpaar Geschenke mitzubringen. Heute ist dies aus praktischen Gründen meist ein Geldgeschenk. Ein Wunschbuch oder eine Wunschliste ist nicht üblich. Wir dürfen aber nach Wünschen fragen, damit das Brautpaar nicht die berühmten zehn Kochtöpfe erhält. Um die Geschenke zu übergeben, gibt es im Ablauf der Feier eine bestimmte Zeit.

Wer darf wen heiraten? Im Koran sind die genauen Vorschriften zu finden. Ein Muslim darf auch eine »Schriftbesitzerin« heiraten, also eine Jüdin oder Christin. Hingegen darf eine Muslimin nur einen Muslim heiraten. Die Polygamie (Vielehe) ist unter bestimmten Voraussetzungen religionsrechtlich gestattet. In jedem Fall gilt aber weltliches Recht vor religiösem Recht. In den meisten islamischen Ländern ist die Polygamie verboten.

 **Islam**

Tod und Bestattung

Damit Muslime im deutschsprachigen Raum ihre Toten bestatten
können, müssen mehrere Voraussetzungen erfüllt sein. So muss das
Grabfeld für Muslime von denen anderer Religionen abgetrennt sein.
Außerdem müssen die Gräber so ausgerichtet sein, dass der Tote
auf seiner rechten Seite liegend nach Mekka blickt. Der Islam kennt
wie das Judentum die Vorschrift der ewigen Grabesruhe. Außerdem
muss eine Möglichkeit für die rituelle Leichenwaschung vorhanden
sein; dies ist im Allgemeinen die Voraussetzung, die am einfachsten
zu erfüllen ist. Oft stellen die Friedhöfe Waschräume zur Verfügung.
Manche Moscheen haben eigene Leichenwaschräume eingerichtet.[43]
Zum größten Teil überführen aber Muslime die Leichname ihrer Angehörigen in ihre Heimat zurück.
Die rituelle Leichenwaschung muss immer von gleichgeschlechtlichen
Personen ausgeführt werden.
Früher gingen nur muslimische Männer zu einer Bestattung. In den
letzten Jahren hat sich das jedoch grundsätzlich geändert. Zwar wird
das Totengebet nur von den Männern verrichtet, aber die Frauen sind,
hinter den Männern stehend, auch anwesend. Wenn Nichtmuslime
Verstorbenen das letzte Geleit geben, freuen sich die Angehörigen sicher über die Anteilnahme.

 Es gibt keine Kleidervorschriften, aber aus Rücksicht auf den trauri-
gen Anlass sollten Sie allzu grelle Farben vermeiden und sich diskret
kleiden.

Frauen und Nichtmuslime stehen während des Totengebets hinter
den betenden Männern. Bei einer islamischen Bestattung bringen wir
keine Blumen mit.
Als Außenstehende, das heißt als Nichtmuslime kondolieren wir persönlich oder mit einer Karte. Dabei sollten Sie darauf achten, dass
auf der Karte kein christliches Motiv abgebildet ist. Entweder nehmen Sie eine neutrale Karte oder eine mit einem einfachen Spruch
wie »Herzliche Anteilnahme« oder etwas Ähnlichem. Grundsätzlich können wir bei einem Trauerfall die verschiedenen Religionen
ein klein wenig vergessen und uns auf das Menschliche konzentrie-
ren. Die Glaubensinhalte und die Riten sind wohl verschieden, aber
die Trauer über den Verlust eines geliebten Menschen ist die gleiche.

Deshalb ist es wichtig, dass wir unsere ehrlich empfundenen Gefühle den Trauernden mitteilen.

Zum Abschluss

Beachten Sie, dass Muslime zuerst einmal Menschen sind wie wir, nur mit dem einen kleinen Unterschied, dass sie sich zum Islam bekennen. Begegnen Sie ihnen nicht als Vertreter des Islam.

 Machen Sie die Muslime auf gar keinen Fall für die Schandtaten verantwortlich, die im Namen des Islam von Fanatikern verübt werden. Die absolute Mehrheit der Muslime bei uns will nichts anderes, als im Frieden miteinander und auch mit uns leben.

Eine kopftuchtragende Muslimin ist keine Fanatikerin, sondern bekennt sich zu ihrer Religion. Deshalb kann sie erwarten, dass wir ihr mit der gleichen Unvoreingenommenheit begegnen, wie wir dies einer anderen Frau gegenüber auch tun würden.
Vor allem: Lassen Sie sich nicht abschrecken, Muslimen zu begegnen! »Man kann Fehler in der Begegnung machen, der größte Fehler aber ist, keine Begegnung zu suchen.«[44]

Anmerkungen

[1]   Kleines Wörterbuch des Islam: S. 74. So auch zahlreiche Stellen im Koran.
[2]   Muhammad Rassoul: As-Salâh: Das Gebet im Islam. Köln 1986.
[3]   Rassoul: S. 131.
[4]   Rassoul: S. 60-62.
[5]   Lemmen (2000): S. 19.
[6]   Baumann, Ch. P. (1993): S. 35.
[7]   Eine Auswahl an Literatur zur Einführung findet sich im Literaturverzeichnis.
[8]   Schmiede/Akseki: S. 12.
[9]   Siehe dazu: al-Qaradawi.
[10] Kleines Wörterbuch des Islam: Tahara: S. 153.
[11] Kleines Wörterbuch des Islam: S. 102.
[12] Freundliche Mitteilung von Kemal Gürbuga.
[13] von Denffer, in: Islam-Knigge: S. 7 + 31.
[14] Basler Zeitung vom 08.01.2005.

[15] Hamidullah: S. 164 f.

[16] http://www.al-islam.de

[17] Weiner: S. 7.

[18] Vgl. Ex. 20, 12: Gebot »Ehre deinen Vater und deine Mutter...«.

[19] Koran: 46, 15.

[20] Soymen: S. 94.

[21] von Denffer, in: Über islamisches Verhalten: S. 24.

[22] Koran: 2, 256-257.

[23] http://www.islam.de: II, 11.

[24] http://www.islam.de: II, 14.

[25] von Denffer, in: Über islamisches Verhalten: S. 9.

[26] http://www.islam.de: II, 7.

[27] http://www.islam.de: II, 8.

[28] Hamidullah: S. 163.

[29] http://www.islam.de: I. 1.

[30] Koran: 24/30-31.

[31] Hamidullah: S. 163.

[32] von Denffer, in: Über islamisches Verhalten: S. 15.

[33] Hamidullah: S. 228.

[34] Koran: 9, 6.

[35] Deutschland: http://www.islam.de/?site=servicepoint/gebetszeiten
Schweiz: http://www.islam.ch/gebetzei.cfm

[36] Weiner: S. 47.

[37] http://www.islam.de: FAQ: VII, 4.

[38] http://www.islam.de: FAQ: VII, 5.

[39] Weiner: S. 50.

[40] http://www.islam.de: FAQ: VII, 5.
http://www.salaamway.de/salaamwaygerman/modules/news/article
php?storyid=9

[41] Weiner: S. 50-55.

[42] Weiner: S. 55 ff.

[43] Lemmen/Miehl: S. 38 f.

[44] Renz/Leimgruber: S. 301.

Buddhismus

Die von Gautama Buddha (ca. 560-480 v. Chr.) begründete Religionsphilosophie hat ihre Wurzeln im Hinduismus. Ihr Hauptziel ist, durch Überwindung des »Durstes«, das heißt der »Lebensgier« aus dem Geburtenkreislauf auszubrechen und das Nirwana, das »Verwehen« zu erreichen. Dafür ist die Mitgliedschaft in der Ordensgemeinschaft nötig, die nach einem Noviziat durch das dreifache Zufluchtnehmen zu Buddha, Sangha (Gemeinde) und Dhamma (Lehre) erreicht wird. Charakteristisch für diese Religion ist die ausgeprägte Ethik.

Der Buddhismus kennt kein einheitliches heiliges Buch und ist in mehrere Richtungen verästelt. Die wichtigsten sind Mahayana (»Großes Fahrzeug«) und Theravada (die Lehre der »Älteren«; abschätzig auch Hinayana, »Kleines Fahrzeug« genannt), sowie der tibetische Vajrayana. In China und später in Japan entwickelte sich der Zen-Buddhismus.

Obwohl der Buddhismus keinen Absolutheitsanspruch erhebt, wird in begrenztem Umfang Mission betrieben. Immer mehr Menschen aus westlichen Kulturkreisen bekennen sich zum Buddhismus oder praktizieren buddhistische Meditation.

Buddhistische Gemeinschaften

Im deutschsprachigen Raum leben etwa 200.000 Buddhisten, davon in Deutschland etwa 60.000 Buddhisten aus Vietnam, 25.000 aus Thailand, 20.000-30.000 aus weiteren Ländern Asiens sowie ungefähr 40.000-50.000 deutsche Buddhisten.[1]

22.000 Menschen in der Schweiz gaben bei der Volkszählung im Jahr 2000 als Religion den Buddhismus an. In Österreich wurden im Jahr 2001 rund 11.000 Buddhisten gezählt. Eine nähere Differenzierung ist leider nicht möglich.

Es gibt unzählige buddhistische Gemeinschaften mit Mitgliederzahlen zwischen zehn bis zu mehreren Tausend. Dabei unterscheiden sich im Wesentlichen zwei unterschiedliche Arten. Die einen bestehen aus Immigrantinnen und Immigranten, die ihre Religion aus ihrem Heimatland mitbringen. Die andere wird von Menschen

aus westlichen Kulturkreisen gebildet, die sich zum Buddhismus hingezogen fühlen. Sie werden meist als »Eurobuddhisten« bezeichnet. Westliche und ethnische buddhistische Gemeinschaften sind in der Regel kaum vermischt. Daraus resultiert unter anderem ein Sprachproblem. Menschen aus westlichen Kulturkreisen, die wir zum Beispiel in thai-buddhistischen Gemeinschaften antreffen, sind mehrheitlich mit einer Thaifrau verheiratet. Ob sie sich als Buddhisten verstehen, ist eine Frage, mit der wir uns später noch auseinander setzen werden.

Verschiedene Kulturen

Wenn sich Menschen aus westlichen Kulturen für diese fernöstliche Religion oder Philosophie entscheiden, geschieht dies bewusst. Sie unterscheiden zwischen kulturspezifischen Formen des Buddhismus und dem, was sie als »Essenz« des Buddhismus bezeichnen.[2] Für sie gelten im Großen und Ganzen die üblichen Umgangsformen aus ihren westlichen Kulturkreisen. Deshalb berücksichtigen wir sie nur am Rand.

Die gebürtigen Buddhisten, das heißt in buddhistischen Kulturkreisen aufgewachsene Menschen sind durchweg Immigrantinnen und Immigranten. Ihr Verhalten ist von ihrer heimischen buddhistischen Kultur geprägt.

Die Gründe, warum Buddhisten immigrierten, sind verschieden. Thais, meist Frauen, kamen zum größten Teil in den deutschsprachigen Raum, weil sie einen Mann aus dem westlichen Kulturkreis heirateten. Sie leben in und mit zwei Kulturen. Da diese Frauen freiwillig hierher gezogen sind, haben sie eine unverkrampfte Einstellung zum Herkunftsland und der neuen Heimat. Sofern es die Finanzen zulassen, besteht kein Hinderungsgrund, die Kontakte zur alten Heimat zu pflegen. Sie können sich relativ leicht – mit Betonung auf relativ – mit der neuen Situation arrangieren. Dies wird dadurch erleichtert, dass sie meist in einer Mischehe leben. Die Kinder besuchen hier die Schulen und lernen im Idealfall die mütterliche und die väterliche Sprache, leben mit beiden Kulturen und Religionen.

Anders sieht es aus bei Flüchtlingen aus Vietnam, Tibet und anderen Ländern. Ihr Aufenthalt in der Fremde ist nicht freiwillig, sondern eine Folge der Zustände in ihrer alten Heimat. Sie folgen vielfach der Einstellung: Das sind wir unserem verlorenen Heimatland schuldig. Der Zusammenhalt zwischen diesen Menschen gleicher Herkunft ist meist wichtiger als die religiöse Zugehörigkeit. Es werden oft religionsneutrale Sprachkurse besucht. Manche religiöse Zentren bieten aber auch Unterricht in Sprache und Kultur an.

Die Gesamtzahl der buddhistischen Gemeinschaften in Deutschland wird mit knapp 630 beziffert,[3] in der Schweiz mit über 100, in Österreich mit etwa 35.

Buddhisten und Buddhistinnen, die durch Migration aus Thailand nach Deutschland gekommen sind, haben sich in eigenen Vereinigungen zusammengeschlossen. Die Namen der Organisationen, die Tempel unterhalten, beginnen meist mit Wat, das heißt, Tempel oder Kloster. In den größeren Klöstern leben Mönche aus Thailand, die auch die seelsorgerlichen Belange der Thailänderinnen betreuen. Bekannt sind das Wat Puttenjabon im deutschen Langenselbold und das Wat Srinagarindravararam im schweizerischen Gretzenbach.

Tibeter kamen nach der Besetzung Tibets in den Fünfzigerjahren in den deutschsprachigen Raum. Sie brachten ihre Religion, den Vajrayana-Buddhismus mit, dessen westeuropäisches Zentrum sich im schweizerischen Dorf Rikon befindet. Der 1959 geflüchtete Dalai Lama, das geistliche und weltliche Oberhaupt der Tibeter, setzt sich für eine Verständigung zwischen den Religionen ein. Dafür erhielt er 1989 den Friedensnobelpreis. Immer mehr Menschen aus westlichen Kulturkreisen lassen sich in die alte tibetische Weisheitslehre einführen. Im deutschsprachigen Raum gibt es zurzeit etwa 150 Vajrayana-Zentren, die fast ausschließlich von Buddhisten und Buddhistinnen aus westeuropäischen Ländern besucht werden.

Die Klosteranlage Vien Giac in Hannover wurde 1991 eingeweiht, sie ist das Zentrum für vietnamesische Buddhisten in Deutschland. Die Anfänge liegen in den späten Siebzigerjahren, als der vietnamesische Abt Thich Nhu Dien nach Deutschland kam, um vietnamesische Flüchtlinge zu betreuen. Die Anlage ist die größte ihrer Art außerhalb Vietnams. Neben dem Klosterleben und der weiterhin durchgeführten Betreuung von Auslandsvietnamesen werden in Vien Giac die großen vietnamesischen Feste gefeiert.[4] Neben dieser großen Klosteranlage gibt es im deutschsprachigen Raum einige Haus- oder Wohnungstempel für vietnamesische Buddhisten.

Die Buddhisten und Buddhistinnen aus anderen asiatischen Ländern
wie China, Korea und Kambodscha haben zum größten Teil eigene
Zentren.
Eine weitere Richtung des Buddhismus ist Zen. Das Zen ist die aus
dem mystischen Strom im Buddhismus entstandene »Erleuchtungs-
schule«, die in China entstand und in Japan die heutige Ausprägung
erhielt. Zentral ist im Zen die Meditation, besonders die Sitzme-
ditation Zazen. Es gibt im deutschsprachigen Raum mehrere 100
Zen-Dojos.

Buddhistische Werte und Normen

Grundlagen

Menschen, die sich heute zum Buddhismus bekennen, leben wie an-
dere Menschen in und mit der Welt. Eine Weltflucht ist weder von der
Lehre noch vom praktischen Leben her gegeben. Deshalb sind viele
Kompromisse nötig und werden auch eingegangen. Buddhisten neh-
men die Welt, wie sie ist, als gegeben hin.
Alle Menschen gelten als gleichwertig. Kasten- und Klassenunterschie-
de sind irrelevant. Das heißt, nach der buddhistischen Lehre sind alle
Menschen grundsätzlich gleich. Deshalb werden die hinduistischen
Kasten abgelehnt.
Diese Haltung gilt zum Teil auch gegenüber den Tieren. Gegenüber
jedem Geschöpf empfinden Buddhisten die ethische Haltung des
Mitgefühls. Zu Grunde liegt ihr die urbuddhistische Ethik des Mit-
leidens und der Güte. Jedes Lebewesen hat »Buddha-Natur« und
darf deshalb nicht verletzt werden. Tiere gelten als eine Vorstufe zum
Dasein als Menschen. Es gibt eine ganze Reihe von Legenden, nach
denen der Buddha in einer früheren Existenz ein Tier war.
Die Lehre, dass kein Lebewesen geschädigt oder gar getötet werden
darf, hat verschiedene Konsequenzen. Für manche bedeutet dieses
Ahimsa, dass nicht nur Menschen und Tiere geschützt werden sollen, sondern dass dieser Schutz auch gegenüber Pflanzen gilt. Viele
Buddhisten und Buddhistinnen leben vegetarisch. Der Vegetarismus ist
aber nicht vorgeschrieben. Nicht einmal Mönche müssen vegetarisch
leben.[5]

Buddha

Ich nehme meine Zuflucht zum Buddha.
Ich nehme meine Zuflucht zu Dhamma (Lehre).
Ich nehme meine Zuflucht zu Sangha (Mönchsgemeinde).
Diese Formel der Zufluchtnahme wird bei Ritualen jeweils dreimal
ausgesprochen. In diesen drei Sätzen sind die wichtigsten buddhisti-
schen Werte enthalten.
Buddha wird als historische Gestalt, als Lehrer, als Vorbild und als
Helfer verehrt. Er lehrte das Gesetz von Ursache und Wirkung der
Taten, die Wiedergeburt und Leiden verursachen, und den Weg, der
zu ihrer Aufhebung führt. Durch seine Taten in den früheren Exis-
tenzen ist er ein Vorbild. Obwohl er ins Nirwana eingegangen und
damit eigentlich nicht mehr existent ist, beten viele Buddhisten zu
ihm um Hilfe.
Bildliche und plastische Darstellungen von Buddha genießen bei
Buddhisten besondere Ehrerbietung. Dass Buddhastatuen (auch
wenn es sich für uns ungewöhnlich liest, verwende ich im Folgenden nur noch »Buddha« statt »Buddhastatue«, da es Buddhisten
gegenüber höflicher ist und ihrem Sprachgebrauch entspricht) in
Warenhäusern zwischen Dingen des täglichen Gebrauchs verkauft
werden, verletzt Buddhisten. Sie gehen sehr respektvoll mit diesen
Darstellungen um. Buddhisten machen einen Unterschied zwischen
geweihten und nicht geweihten Buddhadarstellungen, aber alle behandeln sie mit äußerster Sorgfalt. So darf ein Buddha nur an einem
würdigen Ort aufgestellt werden, also im Idealfall in einem speziellen Raum, aber sicher nicht im Schlaf- oder Badezimmer. Außerdem
achten alle Buddhisten darauf, dass die Statue höher steht, als Menschen sitzen.
Tibeter hängen die religiösen Rollbilder, Thangkas, nur an einem würdigen Ort auf.
Die Ehrerbietung gilt nicht nur dem historischen Buddha, sondern
auch anderen buddhistischen Würdenträgern. Neben dem weltweit
bekannten Dalai Lama sind dies zum Beispiel der König Aschoka
aus der Frühzeit des Buddhismus, der thailändische König Chula-
longkhon (besser bekannt unter dem Namen Rama V.) sowie weitere
spirituelle Meister.

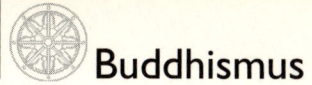

Dhamma, die Lehre

Alles, was Buddha gelehrt hat, bildet Dhamma, die Lehre. Das
Zentrum sind die »Vier Edlen Wahrheiten« vom Leiden und der
»Edle Achtfache Pfad«, der zur Aufhebung des Leidens führt.
Dhamma umfasst aber noch sehr viel mehr. Es gibt nicht ein einzi-
ges heiliges Buch wie die Bibel oder der Koran, sondern eigentlich
eine ganze Bibliothek. Dhamma wird als Ganzes betrachtet. Es ist
eine wichtige Aufgabe der Mönche, Dhamma zu lehren und zu erklären.

Sangha, die Mönchsgemeinde

»Ohne Mönche gibt es keinen Buddhismus.« Diese Aussage einer
Thai-Buddhistin zeigt einen wichtigen Aspekt des Buddhismus. Für
buddhistische Laien ist jeder Mönch Ausführender der Lehre Buddhas. Er verkörpert die Gemeinde und vermittelt Dhamma, die
Lehre. Der Buddhismus ist von Buddha als Mönchsgemeinschaft
gegründet worden. Weit verbreitet ist die Überzeugung, dass nur
ein Mönch die Buddhaschaft erlangen könne.
Im Buddhismus gibt es eine mehr oder weniger klare Trennung
zwischen der Mönchsgemeinde und den Laien. Mönche vollziehen
die Rituale und vermitteln Dhamma, die Lehre, und erhalten von
den Laien das Lebensnotwendige. Diese Gaben (Dana) sind eine
Möglichkeit, sich Verdienste zu erwerben (siehe Kapitel *Gaben
bringen*).
Tibetische Mönche nehmen auch am weltlichen Leben teil. Es gibt
auch Mönche, die heiraten dürfen. Bei besonderen Gelegenheiten
wie Hausweihe, Krankheit oder bei anderen Anlässen werden Mönche ins Haus eingeladen.
Neben den Mönchen gibt es auch Nonnen. Allerdings waren sie den
Mönchen immer untergeordnet.[6] »Bhikkhuni«, also weibliche Angehörige des Ordens, gibt es heute in vielen Ländern nicht mehr, weil
dieser Teil des Theravada-Ordens nicht mehr existiert. In Thailand
gibt es nur Maeschi, eine Vorstufe zu den Nonnen, die den Mönchen in jeder Beziehung untergeordnet sind. In Tibet hat es nie einen Nonnenorden gegeben, im Gegensatz zu Vietnam, wo Nonnen
sogar einen Tempel leiten.

Familie

Wie in jeder Kultur und Religion stellt die Familie auch im Buddhismus einen besonderen Wert dar. Er äußert sich unter anderem im Zusammenhalt der Familie und in der gegenseitigen Unterstützung. Dabei geht die Familie weit über die in westlichen Kulturkreisen übliche Kleinfamilie hinaus.

Im kultischen Bereich spielt die Familie insofern eine wichtige Rolle, als manche Riten zu Hause vollzogen werden. So hat jede Familie ihren Hausaltar oder sogar einen eigenen spirituellen Raum. Für verstorbene Angehörige sieht die Familie besondere Gedenktage vor.

Respekt besteht nicht nur gegenüber den Verstorbenen, sondern generell gegenüber allen älteren Menschen.

Bei Tibetern genießen außerdem die Kinder besondere Beachtung. Eine kleine Eigenheit tibetisch-buddhistischer Frömmigkeit soll hier noch erwähnt werde: Wenn Eltern mit einem kleinen Kind das Haus verlassen, machen sie ihm einen schwarzen Fleck, zum Beispiel mit Asche, zum Schutz vor bösen Mächten auf die Nasenspitze.

Buddhistische Umgangsformen

Die buddhistischen Umgangsformen gibt es ebenso wenig wie es die christlichen gibt. Die verschiedenen Gemeinschaften haben ethnisch beeinflusste Verhaltensregeln. Zudem ist es wie bei allen Migrantengruppen und -religionen: Zwischen Angehörigen der ersten und zweiten Generation bestehen naturgemäße Unterschiede. Die folgenden Aussagen dürfen nur als Annäherungen verstanden werden.

Es ist ein Unterschied, ob der Buddhismus in einem mehrheitlich buddhistischen Land ausgeübt wird oder in der Diaspora. In Deutschland oder einem anderen Land Mitteleuropas sind Menschen aus Asien eine kleine Minderheit, die sich in Bezug auf das Herkunftsland, die Sprache, die religiöse Tradition und die sozialen Schichten sehr unterscheiden. Deshalb bestehen auch mehr oder weniger große Schwierigkeiten bei der Ausübung der Religion, sodass ständig Kompromisse eingegangen werden müssen.

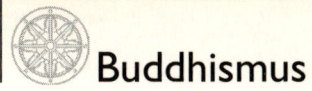

Toleranz

Es gibt keine Taufe oder sonstige Aufnahme in den Buddhismus. Jeder Mensch kann sich durch das »Zufluchtnehmen«, das dreimalige Aussprechen der dreifachen Zufluchtformel in der altindischen Sprache Pali zum Buddhismus bekennen. Dieses »Zufluchtnehmen« wird bei jeder Zusammenkunft erneuert. Es kann für das ganze Leben oder aber auch nur für einen Tag gelten. Wichtiger aber als jede Gesetzlichkeit ist das Leben. Im Gegensatz zum Hinduismus wird niemand als Buddhistin oder Buddhist geboren. Das »Zufluchtnehmen« beruht auf eigener Einsicht. Deshalb kann jeder Mensch in jedem Alter Eingang in die buddhistische Gemeinschaft finden und braucht – aus buddhistischer Sicht – nicht einmal aus seiner bisherigen Religionsgemeinschaft oder Kirche auszutreten. Der Buddhismus kennt keinen Absolutheitsanspruch. Buddhisten zeigen jeder Religion gegenüber die gleiche Toleranz. Alle Menschen, die sich an die elementarsten Anstandsregeln halten, sind in buddhistischen Zentren und bei allen Ritualen willkommen.

Unterschiede zwischen Mönchen und Laien

Für Mönche gelten viele Regeln, die für Laien keine Gültigkeit haben. So dürfen Mönche nach dem Mittag nichts mehr essen. Ferner dürfen sie nicht in einem hohen Bett schlafen und keinen Schmuck tragen. Es gibt aber zwischen den verschiedenen Richtungen des Buddhismus diesbezüglich große Unterschiede, auf die jedoch hier nicht eingegangen werden muss.

Nähe und Distanz

Die Einhaltung einer angemessenen Distanz zwischen den Menschen ist allen Buddhisten ein Anliegen.

 Händeschütteln und Umarmungen sind nicht gebräuchlich.

In vielen östlichen Kulturen ist es nicht üblich, sich mit Handschlag zu begrüßen. Bei Thais werden meist beide Handinnenflächen gegeneinander vor das Gesicht gehalten. Dabei ist die soziale Ranghöhe des anderen zu beachten. Der oder die Rangniedrigere begrüßt den Ranghöheren mit höher erhobenen Händen, also auch einen Mönch. Tibeter begrüßen sich lächelnd, aber ohne sich zu berühren.

Thais verabschieden sich normalerweise nicht, außer von Mönchen. Diese Eigenheit thailändischer Umgangsformen mutet uns nach unseren westlichen Kniggeregeln als unhöflich an.

Thais betrachten es als verletzend, einem Kind über den Kopf zu streichen.[7]

Es ist eine übliche Anstandsregel, nicht zwischen zwei Personen durchzugehen, wenn sie sich unterhalten. Wenn möglich, sollte hinter einer der Personen vorbeigegangen werden. Im Thai-Buddhismus gibt es diesbezüglich die Vorstellung eines Energieflusses, der nicht unterbrochen werden darf. Deshalb bücken sich Thais, wenn sie nicht anders an den sprechenden Personen vorbeigehen können, damit sie den Energiefluss nicht unterbrechen.

Wenn zwei oder mehrere Personen einander gegenüber sitzen, dürfen die Beine nicht übereinander geschlagen werden. Dieses gilt besonders bei der Anwesenheit von Priestern.[8]

 Noch viel wichtiger ist es aber, nie die Fußsohlen gegen einen Menschen oder einen Buddha zu strecken.

Dieses gilt als die schlimmste Beleidigung und wird mit unserem »Stinkefinger« gleichgesetzt!

Es ist unhöflich, sich physisch über einen anderen Menschen zu stellen. So gehen Thais mit gesenktem Kopf an Sitzenden vorbei. Wenn sie stehen und mit Sitzenden sprechen, bücken sie sich, damit die Augen auf gleicher Höhe sind. Aber man schaut sich nicht in die Augen, sondern auf das Kinn.

Die Augenhöhe ist ausschlaggebend. Deshalb muss der Buddha immer höher stehen, als Personen sich normalerweise aufhalten, bzw. die Personen passen sich in der Höhe an und gehen auf die Knie.

Buddhisten verhalten sich respektvoll gegenüber älteren Menschen, unabhängig vom Geschlecht.

Alle Buddhisten begegnen Mönchen und Nonnen mit äußerstem Respekt. Dabei spielt das Lebensalter keine Rolle. So wird ein älterer Mann oder eine ältere Frau einem jungen Mönch mit dem gleichen Respekt begegnen wie einem alten. Die Ehrerbietung gilt vor allem

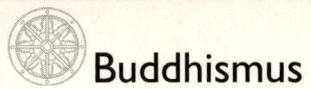

der Mönchsrobe, wie manche Buddhisten sagen. Laien dürfen nie höher als ein Mönch sitzen.

Die Begegnung von Mann und Frau

Bei der Begegnung von Mann und Frau gibt es im Buddhismus zwei verschiedene Bereiche, nämlich den der Begegnung von Laien untereinander und den von Mönchen und Frauen.

Mönch und Frau

Bei der Begegnung zwischen einer Frau und einem Mönch ist zu beachten, dass es Mönchen verboten ist, eine Frau zu berühren. Dieses Verbot geht sogar so weit, dass nicht einmal eine indirekte Berührung erlaubt ist. Wenn eine Frau einem Mönch eine Gabe geben will, legt sie diese auf ein Tuch, das der Mönch in der Hand hält. Wenn eine Frau einen Mönch bittet, ihr irgend etwas aufzuschreiben, muss sie den Block hinlegen. Dann nimmt ihn der Mönch, kommt der Bitte der Frau nach und schreibt und legt den Block wieder hin. Dann darf ihn die Frau an sich nehmen. Hilfeleistungen werden vernünftigerweise von dieser Regel ausgenommen, d.h., wenn also zum Beispiel eine Frau stürzt, dürfen ihr Mönche selbstverständlich helfen und tun dies auch, aber danach wird nicht darüber geredet; das Ereignis hat einfach nicht stattgefunden.

Ein Mönch lässt sich bei uns auch von Ärztinnen und Krankenpflegerinnen behandeln. In Thailand würde er es allerdings kaum tun. Eine Frau darf einem Mönch nicht direkt gegenüber oder mit ihm in der gleichen Reihe sitzen. Sie darf ihm nie in die Augen schauen. Sie schaut auf einen Punkt unterhalb der Augen, zum Beispiel auf das Kinn.

Mann und Frau

Das Verhältnis zwischen Mann und Frau ist grundsätzlich unkompliziert. Sie sprechen miteinander und verrichten gemeinsam eine Arbeit, aber sie berühren sich in der Öffentlichkeit normalerweise nicht. Das heißt, Mann und Frau geben sich nicht die Hand. Allerdings ist dies nicht so schwerwiegend, da das Händeschütteln zur Begrüßung in den meisten asiatischen Kulturen nicht gebräuchlich ist. Umarmungen sind ebenfalls nicht üblich. Öffentliche Zärtlichkeiten bei Paaren sind nicht erwünscht. Im Tempel soll man nicht unbedingt merken, dass Mann und Frau ein Paar sind. Aber Paare dürfen beieinander sitzen, da die Sitzordnung im Tempel frei ist. Es gibt keine Männer- und Frauenseite oder -abteilung.

Im Gegensatz zu anderen Religionen betrachten Buddhisten die Menstruation nicht als ein Problem. Das heißt, menstruierende Frauen gelten nicht als rituell unrein. Nur bei tibetischen Buddhisten halten menstruierende Frauen gegenüber hohen Würdenträgern Distanz.

Kleidung

Eine »buddhistische Kleidung« gibt es nicht. Grundsätzlich bestehen auch keine Kleidervorschriften. Freizügige Kleidung, die aufreizend wirkt, wird auch bei Buddhisten nicht gern gesehen.

Welche Kleidung in religiösen Zentren getragen wird, ist natürlich von der jeweiligen buddhistischen Herkunft abhängig. Aber auch hier gilt, dass Shorts, Hotpants, Miniröcke und bauchfreie Tops unerwünscht sind.

In jedem buddhistischen Zentrum im deutschsprachigen Raum tragen die Männer je nach Anlass mehr oder weniger festliche Kleidung. Sie tragen einen Anzug oder wenigstens ein Hemd mit langen Ärmeln. Männer und Frauen zeigen möglichst wenig Haut. Frauen tragen deshalb auch nie ein schulterfreies Kleid.

Im thai-buddhistischen Wat tragen die Männer, die eine Funktion haben, auch bei 35° Celsius im Schatten Anzüge mit Krawatte. Die meisten Frauen aus Thailand tragen das Nationalkostüm Sarong, das aus einem Jupe und dazu passender Bluse mit kurzen oder langen Ärmeln besteht. Früher waren für Frauen Hosen tabu, heute ist dies anders. Frauen müssen aber immer Strümpfe tragen. Wenn die Prinzessin von Thailand zu Besuch kommt, tragen die Frauen langärmlige Blusen. Auch von den Männern aus westlichen Kulturkreisen wird eine dem Anlass angemessene Kleidung erwartet.

Bei tibetischen religiösen Festen und Hochzeiten tragen Männer und Frauen die traditionelle tibetische Kleidung Chuba.

In einem Zen-Dojo herrscht strikte Ordnung. Dies betrifft meistens auch die Kleidung. Wer regelmäßig an der Meditation teilnimmt, trägt das entsprechende schwarze Gewand. Gelegentliche Besucherinnen und Besucher kleiden sich so, dass der Körper ganz bedeckt

ist und sie auch länger sitzen können. Der praktische Aspekt übersteigt den ästhetischen.

 Bei Tempelführungen ist dem Ort angemessene Kleidung erwünscht, so, wie sie auch bei Kirchenbesuchen getragen wird.

Von einem Lehrer beispielsweise, der mit seiner Schulklasse einen Tempel besucht, wird erwartet, dass er seinem Stand und dem Ort entsprechend gekleidet ist, also keine Jeans trägt.

Buddhistische Symbole

Manche Buddhisten fühlen sich verletzt, wenn sie sehen, wie Buddha auf Plakaten für kommerzielle Interessen missbraucht wird. Sie gehen nicht auf die Barrikaden, wenn sie Buddhas zwischen Alltagsartikeln im Supermarkt sehen, aber es ist für sie ein Verstoß gegen die guten Sitten. Es gibt immer mehr Menschen, die sich von der Lehre Buddhas angezogen fühlen und deshalb zu Hause einen Buddha stehen haben. Sie werden sie nicht auf den Boden stellen. Buddhisten tragen einen Buddha immer respektvoll mit zwei Händen, und sei es auch nur innerhalb des Raumes, um die Unterlage abzustauben.

 Wer Buddhisten nicht verletzen will, wird sorgsam mit buddhistischen Symbolen umgehen. So wird er auch keine gedruckten buddhistischen Schriften auf den bloßen Boden legen oder über solche Schriften oder buddhistischen Symbole gehen.

Zu Besuch in einer Familie

Wenn wir bei einer buddhistischen Familie Gäste sind, betreten wir die Wohnung normalerweise ohne Schuhe. Wo diese Regel gilt, ist leicht an den abgestellten Schuhen vor der Wohnungstür zu erkennen. Die Kleidung sollte sauber sein, ansonsten gibt es keine Einschränkungen. Umarmungen bei der Begrüßung sind nicht üblich. Zwischen Frauen eigentlich auch nur, wenn sie sich sehr nahe stehen.

 Es ist üblich, dass Gäste Blumen oder ein anderes Gastgeschenk mitbringen. Gäste haben einen ganz besonderen Status. Sie erhalten die besten Plätze und werden verwöhnt.

Tibetische Buddhisten bringen eine Katta, ein besonderes weißes
Tuch mit und hängen sie den Gastgebern um. Sie dürfen sie nach einer gewissen Zeit ablegen. Später wird die Katta versorgt, aber nicht
an einem unwürdigen Ort, also zum Beispiel nicht im Bad.
Gastgeber bieten immer mehr an, als der Gast möchte. Der Gast darf
aber stehen lassen, was er nicht essen kann. Gäste haben den Vor-
rang und dürfen meist schon essen, bevor die Gastgeber essen.

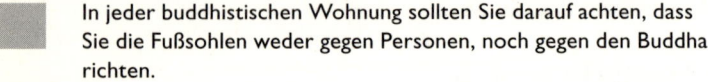

In jeder buddhistischen Wohnung sollten Sie darauf achten, dass
Sie die Fußsohlen weder gegen Personen, noch gegen den Buddha
richten.

Einen Buddha nehmen wir nie in die Hand.

Die buddhistischen Versammlungsräume: Tempel, Pagode, Wat

Wie in jeder Religion sind Gebäude auch im Buddhismus wichtig.
Die Bauwerke und ihre Verwendungszwecke sind je nach Land, Kultur, Möglichkeiten und Notwendigkeiten verschieden. So finden wir
im deutschsprachigen Raum Wohnungstempel, das heißt, in gewöhnlichen Wohnhäusern werden auf einem oder mehreren Stockwerken
als dauernde Provisorien Räume als Tempel, Meditations- und Schu-
lungsräume eingerichtet.
Es gibt unterdessen aber auch richtige Pagoden, tibetische Klöster
und thai-buddhistische Wat.

Ein buddhistisches Zentrum ist mehr als ein religiöser Versammlungsort.

Es ist meist auch ein Wohnort der Mönche, also eine Art Kloster.
Deshalb gehören zum Gebäude Räume für die Mönche oder Nonnen. Außer den religiösen Ritualen finden Unterweisungen in Dhamma, der buddhistischen Lehre, in Meditation sowie Sprache und
Kultur statt.
Die buddhistischen Tempel und Klosteranlagen haben, unabhängig
von ihrer Größe, bestimmte Gemeinsamkeiten. Das Zentrum bildet

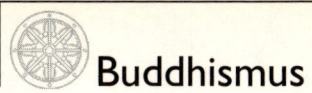

eine Halle mit einem oder auch mehreren Buddhas, die von Gaben umgeben sind. Die weitere Ausgestaltung hängt vom vorhandenen Platz ab.

Im Tempel

Ein buddhistisches Zentrum, ob Wat, Pagode oder Wohnungstempel, steht grundsätzlich allen Menschen offen, sofern sie gewisse Regeln einhalten.

 Vor dem Betreten schalten wir das Handy aus und ziehen die Schuhe aus.

Dass wir unsere Kleidung der Besonderheit des Ortes anpassen, kann stillschweigend vorausgesetzt werden.
Zuerst begrüßen wir die anwesenden Mönche. In Tibet und Indien ist es nicht üblich, zur Begrüßung die Hand zu geben. Für tibetische Mönche in buddhistischen Zentren in Westeuropa ist dies kein Problem. Jeder Thai-Mönch wird im Wat von Buddhisten und Buddhistinnen mit dreimaliger Verbeugung begrüßt. Von Menschen aus westlichen Kulturkreisen wird diese Verbeugung nicht erwartet, aber sie ist gestattet, wenn sie das Bedürfnis haben, sie anzuwenden. Tibeter machen die Niederwerfung nur vor dem eigenen Lehrer.
Wenn mehrere Mönche anwesend sind, erfolgen die Begrüßungen immer nach der Rangordnung der Mönche. Diese ist leicht zu erkennen, da der ranghöchste Mönch immer ganz links sitzt, meistens dem Buddha am nächsten. Die anderen Mönche sitzen mit abnehmendem Rang rechts von ihm. Das erste Gespräch wird immer mit dem ranghöchsten Mönch begonnen.
Im thai-buddhistischen Wat sitzen alle mit untergeschlagenen Beinen. Die Frauen müssen die Beine geschlossen haben, die Männer haben ein Bein neben dem Gesäß. Im Schneidersitz zu sitzen gilt als unhöflich, wird aber bei Männern toleriert. Im tibetischen Kloster sitzen alle im Schneidersitz. In einzelnen buddhistischen Zentren im Westeuropa wurde unsere Art zu sitzen übernommen. Das heißt, es gibt Stühle oder Bänke. Dies ist aber die Ausnahme.

 Wenn wir unsicher sind, wie wir sitzen sollen, schauen wir, wie es die Mitglieder der Gemeinschaft machen.

Da wir bestimmte Sitzhaltungen auf Grund unserer Sitzkultur nicht gewöhnt sind, dürfen wir auch eine uns bequem erscheinende Sitzhaltung einnehmen, solange wir nicht die Fußsohlen gegen einen Mönch oder einen Buddha richten.

Die Sitzordnung ist frei, das heißt, es gibt keine Männer- und Frauenseite. Wir dürfen uns auch im Raum umsehen. Dabei vermeiden wir jede unnötige Hast.

 Berühren Sie keine Kultgegenstände. Der Altar darf weder betreten noch berührt werden.

Buddhistische, aber auch Gäste aus westlichen Kulturkreisen bringen den Mönchen Essen, Früchte, alkoholfreie Getränke oder Artikel des täglichen Bedarfs mit. Die Gaben übergibt man den Mönchen mit beiden Händen. Die Frauen legen sie auf ein Tuch, das der Mönch hinhält, weil er weder direkt noch indirekt Berührung mit einer Frau haben darf.

Rituale

Welche Rituale wann vollzogen werden, ist abhängig von der jeweiligen Tradition und dem buddhistischen Zentrum. Wenn Mönche dauernd anwesend sind, halten diese morgens und abends Chanting, das heißt, sie rezitieren heilige Texte. Meist gibt es auch Meditationszeiten.

Tägliche oder festliche Rituale dürfen von Besucherinnen und Besuchern nach Belieben mitgefeiert werden. Es wird niemand fragen, ob wir Buddhisten oder Buddhistinnen sind. Dhamma, die Lehre, ist für alle. Wir dürfen aber auch nur dabeisitzen und zusehen. Nur wenn ein Mönch Weihwasser sprengt, sollten alle, auch wir als Besucherinnen und Besucher, respektvoll den Kopf neigen. Allerdings brauchen wir dabei nicht mit dem Kopf den Boden zu berühren, wie dies viele Thais tun.

Feste im Jahreslauf [9]

Wie in jeder Religion und Kultur wird auch im Buddhismus die Zeit durch Feste und Feiertage strukturiert. Der Mond und seine Phasen dienen für die Festlegung dieser Tage als eine wichtige Orientierung.

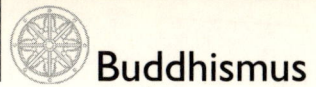

In Erinnerung daran, dass der Buddha an einem Vollmondtag die Buddhaschaft erlangt hat, wird jeder Vollmondtag geheiligt. Traditionell werden aber auch der Leermond (das ist die Mondphase zwischen dem ab- und zunehmendem Mond) und zu- und abnehmender Halbmond als Buddha-Tage gefeiert.

Im Buddhismus ist Visaka Pudscha das wichtigste Fest, das zur Erinnerung an drei Ereignisse im Frühling gefeiert wird: Geburtstag, Todestag und Erleuchtungstag des Buddha.

Mit dem Kao Pansa Tag beginnt die drei Monate dauernde Regenzeit. Sie ist zugleich die buddhistische Fastenzeit. Manche Buddhistinnen und Buddhisten nehmen für diese drei Monate Einschränkungen auf sich, indem sie zum Beispiel kein Fleisch oder keine Süßigkeiten essen. Nach Ablauf der Regenzeit wird das Schlussfest Ook Pansa gefeiert.

Jede buddhistische Tradition hat einen eigenen Festkalender. So feiern die Tibeter den Geburtstag des Dalai Lama, die Chinesen Neujahr, das Ullambana Tempelfest, Avalokiteshvara-Fest, Bhaichajyagurus-Geburtstag, Amitabha-Geburtstag. Bezüglich der Verhaltensregeln zu diesen Festen gilt:

> Festliche Kleidung, nicht alkoholisiert erscheinen, Gaben für die Mönche vorsehen. Es gelten also die gleichen Regeln wie bei einem gewöhnlichen Besuch eines Tempels.

Ob wir als Gäste Rituale mitfeiern, ist unsere eigene Entscheidung. Falls wir zum Mitmachen aufgefordert werden, sollten wir dies nicht als Nötigung, sondern als freundliche Einladung verstehen. Da ein Fest immer auch eine Gelegenheit ist, um Landsleute zu treffen, sind meistens auch Andersgläubige des gleichen Herkunftslandes anwesend, sodass wir uns als Nichtbuddhisten sicher nicht als Eindringlinge fühlen müssen.

Normalerweise bringen Buddhisten und Buddhistinnen Essen und andere Gaben für die Mönche mit. Thais bringen bei manchen Festen kleine Bäumchen in das Wat. Daran hängen sie Geldscheine und verschiedene Gegenstände, die im Wat benötigt werden. In der Diaspora ist diese Phapa-Zeremonie bei Festen sehr wichtig, Buddhistinnen und Buddhisten bringen individuell oder mehrere Familien gemeinsam solche Phapa-Bäume mit. Das Geld wird nach einer durch die Mönche vorgenommenen Segnung von Laien gezählt und das Ergebnis der Festversammlung mitgeteilt. Dadurch entsteht oft eine Art Wettbewerb.

Hochzeit

Der Buddhismus ist über ein großes Gebiet verbreitet. Dementsprechend unterschiedlich sind auch die Kulturen und Bräuche, was immer zu beachten ist. Dieses gilt auch bei der Heirat. Eigentliche buddhistische Hochzeitszeremonien gibt es nicht.[10] Die Feiern sind immer kulturell geprägt.

Manche Buddhistinnen und Buddhisten beachten schon bei der Partnerwahl, aber auf jeden Fall für den Hochzeitstermin das Horoskop. Thais heiraten meistens zu Hause. Wenn immer möglich, vollziehen neun Mönche die Zeremonie; die Zahl Neun bedeutet Fortschritt. Frühmorgens beginnt die Feier mit dem Chanting von Palitexten. Am Abend gießen die engsten Verwandten dem Brautpaar Wasser über die gefalteten Hände und sprechen dazu ihre Segenswünsche.

An der Hochzeitsfeier nehmen möglichst alle Verwandten und Bekannten teil. Die Kleidung ist dem Anlass entsprechend festlich. Tibeter tragen, wenn immer möglich, die traditionelle tibetische Kleidung Chuba. Thaifrauen kleiden sich meist mit dem Sarong.

Es gibt keine Sitzordnung für geladene Gäste, alle setzen sich auf die Bänke oder Stühle an den Tischen. Die Zahl der Gäste ist nicht beschränkt. Die Gastgeber bereiten genügend Essen vor. Der Umgang ist unkompliziert.

Mit Geschenken ist es relativ einfach, da normalerweise Geld in einem Briefumschlag geschenkt und auch erwartet wird. Der geschenkte Betrag wird meistens öffentlich bekannt gegeben.

Tibetisch-buddhistische Gäste bringen in der Regel eine lange oder zwei kurze Katta, die speziellen weißen Tücher mit und hängen sie dem Brautpaar um.

Hausweihe

Wer ein neues Haus bezieht, lässt es von Mönchen segnen. Dabei werden im Haus verschiedene Zeremonien vollzogen. Dazu gehört das Chanting der Mönche, das heißt, sie rezitieren Texte in Pali. Ein Mönch bringt an der Haustüre das Yann-Zeichen zum Schutz des Hauses an. Wie im Wat oder bei Festen werden den Mönchen Speisen

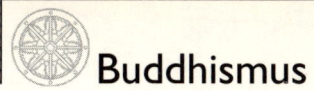
angeboten. Nachdem die Mönche gegessen haben, essen die Laien. Zu einer solchen Hausweihe werden Verwandte und Bekannte eingeladen.

Das Kind

Die Taufe gibt es im Buddhismus nicht. Aber auch Buddhisten und Buddhistinnen wollen für ihr Kind nur das Beste. So erhält es bald nach der Geburt den Segen eines Mönchs. Meistens wird diese Zeremonie zu Hause vollzogen. Dazu werden die engsten Familienmitglieder zu einem Fest eingeladen, bei dem das Kind der Familie offiziell vorgestellt wird. Wer zu einer Familie eine enge Beziehung hat, darf selbstverständlich bei dem Fest dabei sein, wenn sie oder er eingeladen wurde. Es ist keine »geheime« Feier, die es im Buddhismus grundsätzlich nicht gibt.

Tod und Bestattung

Die Einstellung zum Tod ist im Buddhismus ambivalent. Einerseits gilt er nur als ein Übergang zur nächsten Existenz. Andererseits sind Buddhisten und Buddhistinnen normale Menschen mit allen Gefühlen. Sie trauern ebenso um liebe Menschen, wie wir es tun.
Die Trauerzeremonien sind je nach buddhistischer Tradition und Herkunftsland verschieden. Wie die Hindus verbrennen auch Buddhistinnen und Buddhisten die Toten. Normalerweise wird kein Grabmal errichtet. Meistens wird die Asche in einen Fluss oder direkt ins Meer gestreut. Thai-buddhisten bringen die Asche zum Wat. Dort wird sie in einem Umkreis um den Tempel in die Erde gestreut oder in eine Urnennische in eine Mauer eingefügt.
Thai-buddhisten halten nach der Kremation drei Trauerfeiern: Die erste drei Tage nach dem Tod, die zweite nach 50 Tagen, die dritte nach 100 Tagen. Wer zur verstorbenen Person oder deren Angehörigen eine Beziehung hat, sollte an der Trauerfeier teilnehmen.

 Alle Trauergäste tragen möglichst bedeckte Kleidung, die nicht schwarz sein muss.

Bei den Trauerfeiern und den Ritualen müssen wir beachten, dass die Trauerfeiern weniger für die Hinterbliebenen sind als vielmehr für

150

den jeweils Verstorbenen, der irgendwo in einer Zwischenwelt weilt und auf seine neue Geburt wartet. Ihm sollen die Verdienste, die aus kleinen Gaben an die Mönche erwachsen, zugute kommen, damit sich die neue Existenz verbessert. Wenn Angehörige oder Bekannte in der fernen Heimat sterben, ist der Vollzug von Riten ein besonderes Anliegen. Thais bringen bei der Bangsakun-Zeremonie für Verstorbene den Mönchen Lotosblüten, Räucherstäbchen und ein neues Mönchsgewand. Diese Zeremonie ist ein Trost für Trauernde. Nach dem persönlichen Bedürfnis wird ein- oder mehrmals für die Verstorbenen ein Gebet gesprochen

Wenn ein tibetischer Buddhist oder eine Buddhistin stirbt, wird sofort ein Mönch geholt. Er nimmt astrologische Abklärungen vor und bestimmt Details. Zum Beispiel kann er verlangen, wie die Leiche ins Krematorium überführt werden soll, wo auch die Gebete stattfinden. Etwa eine Woche nach der Einäscherung treffen sich die Verwandten und Bekannten des Verstorbenen im Kloster mit der Urne zu einer Gedenkfeier. Alle, die zum Verstorbenen eine Beziehung hatten, sind dazu eingeladen. Sie bringen Blumen mit. Tibeter tragen den Chuba, die übrigen angemessene Kleidung. Die Trauerzeit umfasst 49 Tage; so lange dauert auch die Zeit für Gebete.

Der Tod macht Buddhisten nicht unrein, im Gegensatz zu den Hindus.

 Das Verschicken von Beileidskarten oder Kondolenzbriefen ist möglich.

Gaben bringen

Noch ein Wort zu den im Text mehrfach erwähnten Gaben. Im Buddhismus gibt es eine klare Unterscheidung zwischen Mönchen und Laien. Nach buddhistischer Lehre in der Theravada-Tradition können nur Mönche das Erwachen erreichen, das es ermöglicht, aus dem Geburtenkreislauf und damit aus dem Leiden auszubrechen. Laien können sich aber Verdienste erwerben, die zu einer besseren neuen Existenz verhelfen. Eine wichtige Möglichkeit dafür besteht darin, den Mönchen Dana, also Gaben zu bringen. Ein Mönch bedankt sich nicht dafür! Der oder die Gebende wird sich im Gegenteil dafür bedanken, dass der Mönch die Gaben akzeptiert hat. Deshalb können wir uns als nichtbuddhistische Gäste frei fühlen, Gaben mit-

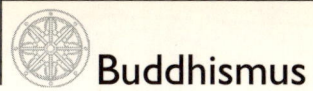

zubringen oder mit leeren Händen zu erscheinen. Andererseits ist die finanzielle Lage mancher buddhistischer Zentren nicht gut, deshalb sollten wir einen Beitrag nach unseren Möglichkeiten leisten.
Wenn wir eine Familie besuchen, ist die Lage anders. Dann bringen wir unabhängig von der Religionszugehörigkeit ein Gastgeschenk mit, das unseren Gastgeber erfreuen soll.

Zum Abschluss

Einen Knigge des Buddhismus zu schreiben ist deshalb so schwierig, weil die kulturellen Unterschiede zwischen den verschiedenen ethnischen Gruppierungen des Buddhismus oft größer sind als das Verbindende. Darüber hinaus konnte ich in den letzten zwanzig Jahren zahlreiche Veränderungen im Verhalten und zu den Verhaltensregeln beobachten, sodass mir eine endgültige Festlegung nur bedingt möglich ist und sinnvoll erscheint.
Obwohl der Buddhismus oder buddhistische Meditationsformen für zivilisationsgeschädigte Menschen in westeuropäischen Ländern sehr anziehend sind, müssen wir bedenken, dass diese altehrwürdige Religion für Millionen Menschen deren geistige Heimat ist. Deshalb sollten wir alles vermeiden, was die Gefühle der Buddhisten und Buddhistinnen verletzen könnte. Aber wir dürfen uns freuen, wenn wir zu Besuchen in buddhistischen Zentren oder zu Festen eingeladen werden und ein wenig teilhaben können an der reichen buddhistischen Kultur.

Anmerkungen

[1]   Schätzungen von REMID: http://www.remid.de/remid_info_zahlen.htm

[2]   Baumann, M. (1993): S. 362.

[3]   http://www.religion-online.info/buddhismus/gruppen/gruppen.html

[4]   http://www.religion-online.info/buddhismus/gruppen/gruppen-mahayana.html

[5]   Baumann, Ch. P., in: Schwikart (Hrsg.): Was ist der Sinn meines Lebens? (2002): S. 129 f.

[6]   Baumann, Ch. P. (1999): S. 58-61.

152

7   http://www.benehmensberatung.de/ausland.html
8   http://www.benehmensberatung.de/ausland.html
9   Siehe dazu besonders: Baumann, M.: Buddhismus, in: REMID (Hrsg.): Religionen feiern: S. 171-187.
10 Baumann, M., in: Religionen feiern. S. 177.

Hinduismus

Hinduismus ist ein Sammelname für 100 oder mehr unterschiedliche Religionen und Glaubensformen. Allen gemeinsam ist das
Ursprungsland Indien, zu dem auch Sri Lanka zählt. Weiterhin
glauben alle Hindus, dass das Leben des Menschen und das Werden
und Vergehen der Erde ein Kreislauf ist. Die Taten im vorherigen
Leben bestimmen, in welcher Form die Menschen wiedergeboren
werden.

Die heutige Selbstbezeichnung für den Hinduismus ist Sanatana
Dharma, das heißt »Ewiges Gesetz«. Die Mehrheit der Hindus sind
Polytheisten, die glauben, dass das Göttliche in mehreren Formen ma-
nifestiert ist. Der polytheistische Schivaismus mit Schiva als Hauptgott und der Vischnuismus mit Vischnu/Krischna als einzigem Gott
sind zwei Hauptrichtungen.

Die Uneinheitlichkeit des Hinduismus zeigt sich auch bei den Heiligen Schriften. Die wichtigsten Bücher sind die Bhagavad Gita und
das Epos Ramayana. Tamilische Hindus kennen außerdem das Tirukkural von Tiruvalluvar. Grundsätzlich hat der Hinduismus keinen
Absolutheitsanspruch und keine Mission, weil ein Mensch nur als
Hindu geboren werden kann. Erst in neuster Zeit begannen einzelne
Bewegungen im Westen mit einer Form von Mission.

Tamilische Migration

Weil im deutschsprachigen Raum die absolute Mehrheit der Hindus
Tamilen aus Sri Lanka sind, beschränken wir uns auf diese Richtung.
Tamilen – vor allem Männer und wenige Frauen – kamen als Asyl-
suchende nach Europa. Schätzungsweise 80-85% sind Hindus. Die
übrigen Tamilen sind Christen, einige wenige sind Muslime, aber
keine Buddhisten. Bedingt durch den erlaubten Familiennachzug
oder durch Heirat verschob sich mit der Zeit das Ungleichgewicht
der Geschlechter und Altersgruppen. Heute ist die tamilische Gesellschaft bei uns gut durchmischt. Bedingt durch die Kinder ist das
Durchschnittsalter relativ niedrig. Im Unterschied zu einheimischen
Christen, die zu einem immer größeren Teil entweder nur noch auf
dem Papier Mitglied einer Kirche sind oder aber schon aus der ange-
stammten Kirche ausgetreten sind, ist bei den Migranten, zu denen

auch die Tamilen zählen, in der Diasporasituation die Stärkung des religiösen Bezugs zur Wahrung ihrer Eigenart und Identität erfolgt.[1] Vor allem die erste Generation legt großen Wert auf die Erhaltung der kulturell-religiös und ethnisch geprägten Formen. Dieses sehen wir zum Beispiel bei der Einhaltung der Essensrestriktionen und der Heiratsregeln.

Tamilischer Hinduismus

Der tamilische Hinduismus ist in sich ziemlich einheitlich. Der Hauptgott ist Schiva, der als Schöpfer gilt. Schiva bildet mit seiner Frau Parvati und den Söhnen Ganescha und Murugan eine Familie. Im Kult ist der elefantenköpfige Gott Ganescha sehr wichtig. Er wird geliebt. Vor jeder neuen Handlung beten die Gläubigen zu ihm. Wer eine neue Wohnung bezieht, bringt Ganescha ein Milchopfer dar. Jeder hinduistische Gottesdienst (Puja) beginnt mit einer Anrufung von Ganescha mit der Bitte, dass er helfen soll, das Ritual richtig zu vollziehen. Sogar Gott Schiva soll vor der Erschaffung der Welt zu Ganescha gebetet haben, damit er ihm helfe, dass er die Welt richtig erschaffe.

Murugan oder Subramanyam ist der Befreier von Tyrannen. Er wird zusammen mit seinen beiden Frauen Valli und Devai dargestellt. Sein besonderes Zeichen ist der Veel, ein Speer mit einer großen tropfenförmigen Spitze. Im Bürgerkrieg in Sri Lanka spielt Murugan eine wichtige Rolle, weil Tamilen in der Mehrheit der Singhalesen den Tyrannen sehen.

Die Göttin Parvati hat als Reittier einen Tiger oder Löwen. Sie wird zwar von den tamilischen Hindus Amman »Mutter« genannt, aber sie ist gleichzeitig auch Schakti, Kraft. So erstaunt es nicht, dass Männer genau wie Frauen ihre Sorgen und Nöte zu dieser Göttin bringen und sie um Hilfe bitten.

Es gibt noch einige weitere Gottheiten, aber die zwei Götter Ganescha und Murugan und die Göttin Parvati sind im Kult die wichtigsten. Sie haben praktisch in jedem der ungefähr 50 Tempel[2] in Deutschland, der Schweiz und Österreich ihre eigenen Schreine.

Die meisten Tempel im deutschsprachigen Raum befinden sich in Mieträumen von Industriegebäuden. Bis jetzt gibt es nur in Hamm-Uentrop im Ruhrgebiet einen eigens errichteten Tempel.[3] Trotz der meist hässlichen Umgebung sind die Tempel für viele Menschen spi-

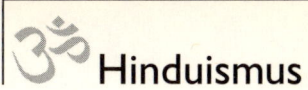

rituelle Zufluchtsorte. Wenn wir die Räume betreten, überschreiten wir auch kulturell die Schwelle zu einer südindischen Welt. Die kräftigen Farben und die starken Gerüche lassen uns schnell vergessen, in welcher Umgebung der Tempel steht.

Die Tempel spielen für den Glauben eine wichtige Rolle, aber nicht alle gläubigen Hindus besuchen die Tempel. Alle haben aber zu Hause einen Hausaltar, vor dem sie täglich beten.[4] Dieser Hausaltar ist mit einem katholischen Herrgottswinkel zu vergleichen. Er enthält figürliche oder auch nur bildliche Darstellungen einer oder mehrerer Gottheiten. Der Hausaltar ist eigentlich ein Haustempel für die Familie, vor dem die täglichen Rituale und Gebete verrichtet werden. Er erfordert besondere Reinheitsvorschriften. Der Hausaltar besteht im Extremfall oft nur aus einem abgeteilten Platz im Kleiderschrank. Im Idealfall ist ihm ein eigener Raum vorbehalten, den die Frau während ihrer Menstruation meiden kann.

Im Tempel zelebriert ein Priester am Freitag, Sonntag und Dienstag abends eine Puja, in einzelnen Tempeln sogar täglich. Die Hauptpuja ist am Freitag, dem für tamilische Hindus heiligen Tag. Die Puja (Verehrung, Anbetung) besteht vor allem darin, den durch die Bildgestalten verkörperten Gottheiten Gutes zu erweisen. Dies geschieht dadurch, dass die Bildgestalten behandelt werden, als ob sie lebende Wesen wären. Das heißt, sie werden gewaschen (Abhisekam), mit verschiedenen Ingredienzen wie Wasser, Milch, Fruchtsaft, Jogurt und Pancamirdam (einem aus mindestens fünf verschiedenen Früchten bestehenden Gemisch) versorgt. Anschließend kleidet sie der Priester und behängt sie mit Schmuck und Blumen. Der Gottheit werden Wohlgerüche, Licht und Essen dargebracht.

Hinduistische Werte und Normen

Achtung anderer Religionen

Ein wichtiger Wert ist die religiöse Toleranz und die Achtung religiöser Stätten aller Religionen. Der Begriff Toleranz gibt aber diese Haltung nur unvollständig wider. Am ehesten ist sie mit einem Schwamm zu vergleichen, der alles aufsaugt.[5] Für Hindus sind christliche Kirchen ebenso wie hinduistische Tempel heilige Orte.

Zahlreiche tamilische Hindus besuchen auch christliche Kirchen und
Wallfahrtsorte. So zum Beispiel Mariastein und Maria Einsiedeln
in der Schweiz sowie Lourdes. An allen religiösen Stätten ist für sie
Gott oder das Göttliche gegenwärtig. Nach hinduistischem Verhaltenskodex soll jede Religion geachtet werden. Das zeigt sich auch
im Verhalten gegenüber Besucherinnen und Besuchern ihrer Tempel,
die grundsätzlich willkommen sind. Dass in manchen Tempeln, zum
Beispiel in England, Nichthindus nicht mehr willkommen sind, hat
seinen Grund in den Erfahrungen mit dem schlechten Benehmen der
Besucher.

Grundsätzlich kann man nicht zum Hinduismus konvertieren, sondern nur als Hindu geboren werden. Hindus erheben aber keinen
Absolutheitsanspruch. Sie sind Hindus und bemühen sich, nach dem
für sie ewigen Gesetz zu leben. Andere Religionen achten Hindus als
ebenso richtigen religiösen Weg. Hinduistische Mission ist nahezu
unbekannt. Für uns Besuchende hat dies den unbestreitbaren Vorteil,
dass wir für Hindus Gäste und nicht Missionsobjekte sind.

Kasten

Nach hinduistischer Lehre wird jeder Mensch in eine Kaste (varna,
Farbe) hineingeboren. Die Kasten sind in viele Unterkasten (jati, Geburt) zersplittert. Durch die Geburt wird die Zugehörigkeit zu einer
Kaste erworben, eine Änderung ist nicht möglich. Die Kastenzugehörigkeit war ursprünglich mit einem entsprechenden Beruf verbunden,
was heute immer weniger der Fall ist. Wer zur Goldschmiedekaste
gehört, hat wohl Vorfahren, die diesen Beruf ausgeübt haben, arbei-
tet heute aber als etwas ganz anderes.

Die Kastenzugehörigkeit bestimmt auch das Verhalten untereinander
bezüglich der Reinheitsvorschriften. Die Vorschrift, dass Menschen
verschiedener Kasten miteinander keinen Kontakt haben und schon
gar nicht miteinander essen dürfen, wird allerdings immer weniger
beachtet. Grundsätzlich gilt, dass nicht über die Kastenschranken
hinweg geheiratet werden darf. Heute aber – besonders im deutschsprachigen Raum, aber auch immer häufiger in Sri Lanka – nehmen
die kastenverschiedenen Ehen zu.

Die Kastenzugehörigkeit ist normalerweise nur innerhalb der tamilischen Gemeinschaft bekannt. Wir als Außenstehende dürfen dazu
möglichst nichts erfahren. Die Ausnahme ist die Zugehörigkeit zur

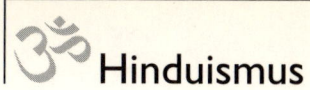

Brahmanenkaste, also derjenigen der Priester. Da nur Brahmanen Priester werden dürfen, können sie auch leicht durch ihre Tätigkeit zugeordnet werden.

Solidarität zwischen den Tamilen

Dass die Kastenzugehörigkeit Außenstehenden gegenüber nicht bekannt gegeben wird, hat seinen Grund in der Verbundenheit der Tamilen untereinander. Ihre Solidarität ist sehr wichtig und nur mit der Zugehörigkeit zu einer Familie zu vergleichen. Die Unterschiede im Verhaltenskodex zwischen tamilischen Hindus und tamilischen Christen sind sehr klein, die Übergänge fließend. Es ist oft schwierig zu sagen, was hinduistisch und was allgemein tamilisch ist.

Nach dem tamilischen Verhaltenskodex gilt über die Religionsunterschiede hinweg, dass Schwierigkeiten untereinander nicht nach außen getragen werden. Tamilen tragen Streitigkeiten intern aus.

Rein und unrein

Rituelle Reinheit ist eine Grundbedingung hinduistischer Frömmigkeit. Es gibt einiges, was als unrein gilt: Schuhe, die Menstruation und damit jede menstruierende Frau, Fleisch, Fisch und Ei, Alkohol und Tabak.

Nach der Geburt eines Kindes gilt die ganze Familie 31 Tage als unrein. Wer einen Todesfall in der Familie zu verzeichnen hat, gilt für eine gewisse Zeit, die abhängig vom Verwandtschaftsgrad ist, als unrein.

Ungewaschene Hände gelten nicht nur als unsauber, sondern auch als rituell unrein. Vor dem Essen und vor der Puja sollten deshalb die Hände gewaschen werden.

Vegetarisch essen, mindestens am Freitag und Dienstag, ist für Hindus eine Verpflichtung. Der Freitag ist der allgemeine Hindufeiertag, der Dienstag ist Ammantag für die Göttin Parvati/Durga. Diese Tage gelten auch als »Fastentage«, weil außer auf tierische Produkte oft auch auf anderes verzichtet wird.

Für Brahmanen gelten verschärfte Reinheitsvorschriften. So dürfen sie zum Beispiel nicht nur kein Fleisch essen, sondern dürfen auch auf keinen Fall mit Fleisch Handel treiben. Sie dürfen ebenfalls,

wenn sie in einem Restaurant arbeiten, keine Teller berühren, auf
denen Fleisch ist oder war.

Um rituell rein zu sein, dürfen Hindus von Mitternacht an nichts
Unreines zu sich genommen haben. Sie dürfen weder durch Geburt,
Tod oder Menstruation im unreinen Zustand sein. Sie müssen du-
schen, die Haare waschen und saubere, passende Kleidung tragen.
Nur wenn sie rituell rein sind, dürfen sie am Hausaltar beten und
die täglichen Riten vollziehen und den Tempel besuchen.

Die Menstruation

Hindufrauen sind während der Menstruation rituell unrein. Dann
gelten einige Einschränkungen für sie. In Sri Lanka sollten sie möglichst nur in einem Raum bleiben, nicht kochen und nicht zu Festen
oder Hochzeiten gehen. Gewöhnliche Besuche darf sie hingegen machen. In der Diaspora ist dies allerdings vorwiegend nur Theorie, da
auf diese Besonderheiten niemand Rücksicht nehmen kann.

Die Eheleute sollten in dieser Zeit getrennt schlafen. In Sri Lanka
ist das kein Problem, weil die Schlafmatte einfach an einen anderen Platz gelegt wird. Bei uns ist das schwierig oder sogar unmöglich, die Betten oder gar das Ehebett auseinander zu nehmen. Als
Minimalanforderung müssen die Frauen zumindest die Bettwäsche
wechseln.

Während der Menstruation darf eine Frau nichts am Hausaltar tun.
Sie darf keine Öllampe für den Altar anzünden, sie darf weder Vibhuti (graues, parfümiertes Pulver) verwenden, noch das Mûkkutti
(schwachroter Punkt) an der Stirn auftragen.

Ein Besuch im Tempel ist einer menstruierenden Frau verboten.
Aber nicht nur der Tempel, sondern auch das äußere Revier um den
Tempel herum sind für sie Tabuzonen. Das heißt auch, dass sie die
Straßen, auf denen die Bildgestalten den Tempel umrunden, nicht
betreten darf.

Wissen und Wissensvermittlung

Im deutschsprachigen Raum leben ungefähr 100.000 Tamilen, davon sind etwa 80.000 Hindus. An immer mehr Orten wird auf
privater Basis oder sogar in die Schule integriert tamilischer
Sprachunterricht angeboten, sodass die Kinder wenigstens die

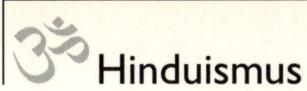

Grundbegriffe der Sprache ihrer Eltern lernen. Der Sprachunterricht ist dabei religionsneutral, weil die Kinder verschiedenen Religionen angehören.

Die religiöse Unterweisung der Kinder in der Diaspora ist ein Problem, da es kaum organisierten Religionsunterricht gibt. So lernen die Kinder nur das, was die Eltern wissen und was sie selbst im Tempel sehen. Da die Feiern im Tempel kaum über das Abhalten von Ritualen hinausgehen und die meisten Eltern nur über rudimentäre Kenntnisse der eigenen Religion verfügen, sinkt das Niveau beständig. Jugendliche und junge Erwachsene haben kaum mehr Kenntnisse des Hinduismus. Dies ist einer der Gründe, warum sie auch kaum noch in den Tempeln anzutreffen sind. Was sollen wir dort, wenn wir doch keine Ahnung haben, worum es dort geht, fragen sie mit Recht. Für unser Thema, den Knigge der Weltreligionen, hat dies insofern Auswirkungen, als dass sich die Jugendlichen und jungen Erwachsenen zwar nach den tamilisch-hinduistischen Regeln richten sollen, aber deren Hintergründe kaum kennen. Aber auch viele Erwachsene kennen die eigene Religion und den entsprechenden Verhaltenskodex oft nur schlecht. Wer sich auskennt, wird oft Verstöße feststellen (siehe dazu auch den Abschnitt *Nähe und Distanz*).

Hinduistische Umgangsformen

Tirukkural – ein Hinduknigge

»Toren sind, die nicht lernten, sich recht zu verhalten, und seien sie noch so gelehrt.«[6]
Vor etwa 1900 Jahren schrieb Tiruvalluvar in Südindien in tamilischer Sprache das Werk Tirukkural. Mit seinen Themen bildet es eigentlich einen Knigge der hinduistischen Religion. Aus dem Tirukkural wird auch im Gottesdienst häufig rezitiert, was zeigt, dass dieses Buch trotz seines Alters immer noch aktuell ist. Wir finden in diesem zeitlosen Werk in den 133 Abschnitten Themen, die das ganze Leben betreffen, wie zum Beispiel das Gotteslob, Kinder, Liebe, Gastfreundschaft, Verleumdung, Wohltätigkeit, Vegetarismus, Alkohol, Schamgefühl, Geiz, Gerüchten und vieles mehr.

Nähe und Distanz

Tamilen wirken auf uns im Allgemeinen sehr freundlich. Dies gehört zu ihren Verhaltensregeln, vor allem, dass sie keine negativen Gefühle nach außen zeigen, obwohl sie diese Gefühle wie alle Menschen auch haben.

Ein direktes Neinsagen gilt als unanständig. Falls es doch einmal nötig sein sollte, wird es indirekt ausgesprochen. Dies ist für uns schwer verständlich. Obwohl viele Tamilen schon lange bei uns leben und meist gut integriert sind, kann es an diesem Punkt leicht Missverständnisse geben. Tamilen untereinander benutzen das Wort »vielleicht«, wenn sie »Nein« meinen. Um sicher zu sein, bleibt uns oft nichts anderes übrig, als nachzufragen. So fragen wir zum Beispiel: »Kommen Sie auch am Dienstag um 18 Uhr?« Und die Antwort lautet: »Ich arbeite normalerweise bis 20 Uhr. Vielleicht lässt mich der Chef früher gehen.« Heißt dies nun nein, der Befragte kommt nicht, oder können wir doch hoffen, dass er kommt?

Die nach außen gezeigte Freundlichkeit ist eine Möglichkeit, um Distanz wahren zu können. Die körperliche Nähe zu anderen Menschen wird vermieden. Mann und Frau dürfen sich bei der Begrüßung nicht die Hand geben; sie legen die Hände vor der Brust zusammen. Das unter deutschen Männern übliche Schulterklopfen ist bei Tamilen unüblich, hiermit würde die gesellschaftlich übliche Distanz unterschritten.

Gegenüber Nichthindus passen sich Tamilen an. So geben auch Frauen uns Männern meistens unbefangen die Hand zur Begrüßung. Wenn sie es nicht tun, dürfen wir dies keinesfalls als Unfreundlichkeit auffassen. Tamilische Frauen sollten von sich aus nicht die Hand geben, sie werden aber eine ihnen hingestreckte Hand ergreifen.

Die Zurückhaltung der Tamilen geht sogar so weit, dass nur in Ausnahmefällen jemand auf ein Fehlverhalten aufmerksam gemacht wird. So musste ich im Nachhinein feststellen, dass ich in bald zwanzig Jahren Arbeit mit tamilischen Hindus einige Regeln verletzt habe. Solange ich fragte, ob ich dieses oder jenes dürfe, war die Antwort fast immer ja, weil, wie oben geschrieben, das Neinsagen unhöflich ist. Erst seit ich gelernt habe, allgemeiner zu fragen, was nach hindu-tamilischer Regel erlaubt oder üblich ist und was nicht, erhalte ich die richtigen Antworten.

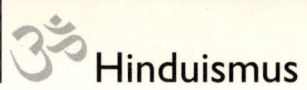

Dieses Verhalten, dass andere nicht auf Verstöße oder Fehlverhalten aufmerksam gemacht oder gar gerügt werden, zeigen Tamilen aber auch untereinander. So konnte ich beobachten, dass ein kleiner Junge mit den Schuhen im Tempel herumging. Niemand rügte dieses Sakrileg. Wie ich im Nachhinein erfuhr, hat das Nichteingreifen der Eltern einige in Rage gebracht. Aber niemand sagte etwas! Da aber auch viele Erwachsene die eigene Religion und den entsprechenden Verhaltenskodex schlecht kennen, braucht Fehlverhalten von Kindern nicht zu erstaunen. Dass andere jedoch nicht auf Fehler aufmerksam gemacht werden sollten, scheint allgemein bekannt zu sein.

Wir als Außenstehende brauchen in der Begegnung mit tamilischen Hindus nicht in der ständigen Angst zu leben, gegen ihren Verhaltenskodex zu verstoßen. Es gibt einige wenige Punkte, die von uns beachtet werden sollten und müssen. Sie betreffen den Besuch in einer Familie und im Tempel. Diese Themen werden unten erläutert.

Mann und Frau

Tamilische Hindus haben eine strikte Sexualmoral. Sex vor der Ehe ist nicht erlaubt. Für tamilische Jugendliche ist es schwierig, mit anderen Jugendlichen Kontakte zu pflegen. Noch immer werden die meisten Ehen von den Eltern vermittelt und Liebesheiraten sind noch immer die Ausnahmen. Wenn ein Paar über die Kastenschranken hinweg heiratet, kann dies zu großen Problemen führen. Bei uns lebende Paare, deren Liebe größer ist als die Scheu, Regeln ihrer Kultur zu verletzen, heiraten standesamtlich. Damit sind sie vor unseren Gesetzen und unseren gesellschaftlichen Regeln verheiratet. Eine Ehe gilt aber für tamilische Hindus nur dann als rechtsgültig, wenn sie mit dem religiösen Ritus geschlossen wurde. Wer nur standesamtlich geheiratet hat, gilt als unverheiratet. Manchmal können so die Eltern unter Druck gesetzt werden, nachträglich eine religiöse Feier zu veranstalten.

Dadurch, dass das Paar standesamtlich heiratet und ohne religiösen Segen zusammenlebt, verletzt es die hinduistischen Verhaltensregeln. Ebenso aber auch die Eltern, wenn sie ihren Einfluss nicht geltend machen, die Ehe – wenigstens nachträglich – religiös und damit auch gesellschaftlich zu legitimieren. Bei der Heirat erhält die Frau den

Tâli, einen Heiratsanhänger an einer goldenen Kette, den sie immer, Tag und Nacht, tragen sollte.

Ehebruch

Ehebruch wird selbstverständlich geächtet:
»Die Torheit, eines anderen Frau zu begehren, begehet der nicht, der Tugend und Wohlstand erstrebt.
Unter den Männern, die Tugend verletzen, gibt`s keinen größeren Toren als den, der die Schwelle des anderen heimsucht, die Ehe zu brechen.«[7]
Damit es gar nicht erst so weit kommt, werden verschiedene Verhaltensmaßnahmen ergriffen. Wenn es irgendwie möglich ist, werden Berührungen von Männern und Frauen, die nicht miteinander verheiratet sind, vermieden. Im Bus oder in der Straßenbahn dürfen Mann und Frau nebeneinander sitzen, wenn keine anderen Plätze frei sind. Im Tempel stehen oder sitzen die Männer immer rechts, die Frauen stets links.

Kleidung und Äußeres

Für beide Geschlechter gilt, dass die Kleidung nicht aufreizend sein darf. Für Männer gibt es keine besonderen Kleiderregeln. Eigentlich sollten die Männer bei einem Tempelbesuch einen Verti tragen. Dies ist ein Tuch, das um die Hüften geschlagen wird. Dazu gehört, dass der Oberkörper frei ist. An diese Kleidervorschrift halten sich nur noch wenige, es sei denn, sie erfüllen während des Gottesdienstes eine Funktion.
Verheiratete Frauen dürfen sich die Haare nicht schneiden. Die dementsprechend langen Haare dürfen sie aber nicht offen tragen. Ebenso dürfen Frauen ihre Beine nicht zeigen. Das heißt, jeder Rock sollte deutlich unter den Knien enden. Manche Frauen bei uns tragen ein Punjabi. Dies ist eine für die Sikhfrauen Nordindiens entwickelte leichte Kleidung. Sie besteht aus einer langen, weiten Bluse und Hosen, die oben weit und zu den Fußgelenken hin engere Hosenbeine haben. Die Farben und Materialien sind unterschiedlich. Bei religiösen und privaten Festen sollten die Frauen einen Sari, ein langes rockartiges Wickelkleid, tragen. Aber immer häufiger ziehen sie das praktischere Punjabi vor. Frauen und Mädchen tragen auf der Stirn,

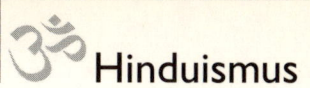

das heißt auf der Nasenwurzel einen Punkt, den Pottu: Mädchen und ledige Frauen einen schwarzen Pottu, verheiratete Frauen einen roten. Witwen tragen keinen Pottu. Dieser Pottu ist heute ein selbstklebender Punkt. Zusätzlich machen sich die Frauen mit Kumkum, einer roten Paste, einen schwachroten Punkt, Mûkkutti, am Haaransatz.

Zu Besuch in einer Familie

Wenn wir zu einer Familie eingeladen werden, sollten wir besser nicht gerade eine Diät halten, weil uns sicher einiges von den vielen kulinarischen Köstlichkeiten Sri Lankas angeboten werden wird. Es ist üblich, dass Gäste ein Geschenk mitbringen und auch die Gastgeber den Gästen ein Geschenk übergeben. Wenn wir eine Flasche Wein mitbringen wollen, sollten wir unbedingt vorher fragen, ob der Gastgeber überhaupt Alkohol trinkt. Die Mehrheit der praktizierenden Hindus trinkt nämlich keinen Alkohol. Blumen werden gerne angenommen. Wir dürfen aber auch den Kindern ein kleines Spielzeug schenken.

 Vor dem Betreten der Wohnung ziehen wir die Schuhe aus.

Es ist üblich, dass jeweils die Frauen auf einer Seite und die Männer auf der anderen Seite des Tisches oder der Sofaecke sitzen. Zwei Paare, die auf einem Ecksofa sitzen, achten darauf, dass auf den inneren Seiten entweder die Männer oder die Frauen sitzen, sodass jeder Mann nur neben der eigenen Frau sitzt.
Wenn wir selbst Gastgeber sind, erkundigen wir uns vorher, ob unsere Gäste Vegetarier sind. Alkohol sollten wir in der Regel nicht anbieten. Tamilische Hindus, die nicht abstinent leben, halten sich in der Regel aber an die Minimalregel, dass Frauen nie Alkohol trinken.
Immer wieder laden Christen tamilische Hindus zu sich nach Hause ein. Das ist begrüßenswert, weil so den Immigrantinnen und Immigranten Hilfe zur Integration angeboten wird. Wenn aber die Einladung dazu gebraucht oder vielmehr missbraucht wird, um die Gäste christlich zu missionieren, ist dies ein schwerer Verstoß gegen alle Regeln des Anstandes. Leider geschieht es häufig, dass Asylsuchenden vorgelogen wird, dass, wenn sie sich christlich taufen ließen, ihr

Asylantrag mit größter Wahrscheinlichkeit positiv behandelt wird.
Für dieses Verhalten kann ich kaum Worte finden.

Im Tempel

Wir betreten den Tempel

Jeder Tempel hat mehrere Bereiche unterschiedlicher Heiligkeit, die
von außen nach innen an Heiligkeit zunehmen.
Der erste und äußerste Bereich wird durch die Straßen gebildet, die
bei den Tempelumgängen mit den göttlichen Bildgestalten begangen
werden. In dieser Zone gelten für Nichthindus keine Einschränkungen. Für menstruierende Hindufrauen hingegen ist dies eine
Tabuzone.
Der zweite Bereich wird durch die Schwelle des Tempels abgegrenzt.
Um diesen Bereich betreten zu dürfen, müssen erhöhte Anforderun-
gen an die rituelle Reinheit erfüllt werden.
Um den Tempel betreten zu dürfen, müssen von allen Besucherinnen
und Besuchern unabhängig von der Religionszugehörigkeit bestimmte Regeln eingehalten werden.

 Alle Besuchenden ziehen die Schuhe aus. Zigaretten dürfen nicht
in den Tempel mitgenommen werden. Am einfachsten werden die
Zigaretten in die Schuhe gesteckt oder, falls es eine Garderobe
gibt, in der Jacke gelassen. Alkoholkonsum sollte unbedingt unterlassen und auf später verschoben werden.

Obwohl es keine eigentlichen Kleidervorschriften gibt, sollte die Bekleidung doch dem Ort angemessen sein. So sind kurze Hosen für
beide Geschlechter unangemessen, außer für kleine Kinder. Männer
sind mit Hosen und einem Hemd gut angezogen. Frauen sollten die
Beine möglichst bedeckt halten. Die Bluse oder das T-Shirt sollten
über der Hose oder dem Rock getragen werden, die Arme hingegen
dürfen frei sein. Westliche Frauen dürfen Hosen tragen. Ein bauch-
freies Top jedoch ist nicht angebracht.

 Im Tempel darf keine Kopfbedeckung getragen werden.

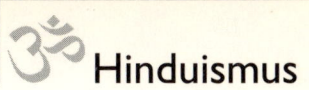

Es gibt eine Ausnahme: Religiöse Kopfbedeckungen sind erlaubt. Das sind zum Beispiel die jüdische Kipa, der Turban der Sikh, das Kopftuch der Muslimin oder die Haube oder der Schleier einer christlichen Nonne.

Wenn Hindus einen Tempel besuchen wollen, müssen sie im Zustand ritueller Reinheit sein. Obwohl niemand danach fragen wird (siehe den Abschnitt *Nähe und Distanz*!) seien doch noch einige weitere Punkte zur Einhaltung empfohlen. Wenn möglich, verzichten Sie am Tag des Tempelbesuchs auf den Genuss von Fleisch. Menstruierende Frauen sollten den Tempelbesuch verschieben. Aus Gründen der rituellen Reinheit und auch aus hygienischen Gründen sollten Sie sich vor dem Besuch die Hände waschen. Und nochmals: Auch hier gilt, dass höfliche Menschen das Handy ausschalten oder zumindest auf stumm stellen. Obwohl sich auch einzelne Hindus nicht an diese Regel halten, sollten wir als Besucherinnen und Besucher zeigen, dass wir den Besuch des Tempels so wichtig nehmen, dass wir in dieser Zeit nicht ständig erreichbar sein müssen.

Wie verhalten wir uns im Tempel?

Wenn Hindus den Tempel betreten, nehmen sie meist aus einem Gefäß Vibhuti und machen sich damit auf der Stirn einen grauen Strich.

Der nächste Bereich wird durch den Schrein der Hauptgottheit und dem davor befindlichen Palipîdam (gemauertes Geviert) mit dem Fahnenmast und dem der Gottheit zugeordneten Tier gebildet. Innerhalb dieses Bereiches dürfen sich nur Priester und deren Helfer aufhalten, damit der Blickkontakt und der Atemstrom zwischen Gott und Tier nicht unterbrochen wird. Dies ist vergleichbar mit der Regel aus dem weltlichen Bereich, die wir alle kennen, nämlich dass man nicht zwischen zwei Menschen, die sich unterhalten, hindurchgehen soll.

Den innersten Bereich oder die innersten Bereiche bilden die begehbaren Schreine der Hauptgottheiten. Nach der Tempelweihe dürfen diese nur noch von Priestern betreten werden. Auch die Stufen davor sind für Laien tabu. Auch wenn es Sie reizt, von den Stufen aus zu fotografieren, um aus der erhöhten Position einen besseren Überblick zu erhalten, müssen Sie darauf verzichten.

Wenn wir vor oder außerhalb eines Gottesdienstes den Tempel betreten, dürfen wir uns den Tempel in Ruhe ansehen. Sie sollten sich dabei aber an eine weitere Besonderheit halten: Umschreiten Sie die Schreine nur im Uhrzeigersinn. Dass wir keinerlei Kultgegenstände berühren, sollte eigentlich selbstverständlich sein. Wenn wir müde werden, suchen wir normalerweise vergeblich nach Sitzgelegenheiten. Die Treppenstufen zu den Schreinen haben eine verführerische Höhe, sind aber nicht zum Sitzen erlaubt. Es bleibt uns nur der Boden. Da wir es im Gegensatz zu Kindern kaum mehr gewohnt sind, auf dem Boden zu sitzen, müssen wir nochmals etwas beachten, wenn wir nicht die Hindus in ihrem Glauben verletzen wollen: Die Beine dürfen nie gegen die Gottheiten gestreckt werden. Da die Tempel in unseren Breitengraden meist mit Schreinen gefüllt sind, bleibt uns nichts anderes übrig, als mit untergeschlagenen Beinen oder im Schneidersitz in eher unbequemer Stellung zu verharren. Übrigens ist es auch unhöflich, die Beine gegen Menschen auszustrecken. Mit gezeigten Fußsohlen wird das Gegenüber unfreundlich zurückgewiesen. Lange Röcke bieten dabei den Vorteil, dass Frauen keine Verrenkungen machen müssen, um sich nicht zu entblößen.

Meist wollen wir uns mit Fotos an den Besuch erinnern. Ich habe es mir zur Gewohnheit gemacht, vor dem Fotografieren zu fragen und wurde bisher in Hindutempeln immer freundlich ermuntert, Fotos zu machen. Da außerhalb der Gottesdienste normalerweise die Vorhänge vor den Schreinen geschlossen sind, können wir das Innere nicht sehen. Bitte lassen Sie die Vorhänge geschlossen! Nur dem Priester ist es erlaubt, diese zu öffnen.

Gottesdienst – die Puja

Pünktlichkeit beim Anfang einer Kulthandlung ist nicht unbedingt nötig, aber das Bleiben bis zum Schluss gilt als Pflicht. Bei den Festen, die manchmal sechs und mehr Stunden dauern, erscheinen Hindus erst nach und nach. Nur die Priester sind selbstverständlich pünktlich. Bei der großen Zahl von Festen und der langen Dauer ist es vielen Hindus nicht möglich, neben der Berufsarbeit und den übrigen Verpflichtungen die ganze Zeit im Tempel zu sein.

Bei der normalen Puja ist es sinnvoll, pünktlich zu sein.

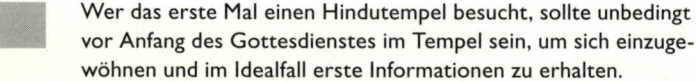

Wer das erste Mal einen Hindutempel besucht, sollte unbedingt vor Anfang des Gottesdienstes im Tempel sein, um sich einzugewöhnen und im Idealfall erste Informationen zu erhalten.

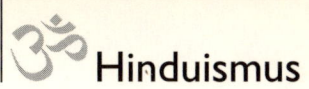

Wer am Freitag die Puja besucht, kann bei rechtzeitigem Eintreffen die rituelle Waschung (Abhisekam) mitverfolgen. Nachdem der Priester bei wiederum geschlossenem Vorhang die Bildgestalt bekleidet und geschmückt hat, öffnet er pünktlich den Vorhang für die Puja. Die Gläubigen begrüßen die Gottheit mit einem freudigen Ausruf und entsprechenden Gesten.

Während der Puja stehen die Frauen auf der linken, die Männer auf der rechten Seite. Dies gilt auch für Besucherinnen und Besucher. Der Priester bringt der Gottheit Wohlgerüche und Licht (Öllampen, Lampen mit brennendem weißen Kampfer), Blumen, Wasser, Früchte (Bananen, Kokosnüsse) und Klänge (Musik, Glocken) dar. Dazu rezitiert er Mantren, heilige Texte in Sanskrit.

Als Abschluss der jeweiligen Zeremonie, die in oder vor jedem Schrein wiederholt wird, opfert der Priester Karpura mit einer fünfteiligen Lampe. Das heißt, er bewegt die Lampe vor der Bildgestalt.

Karpura ist weißer Kampfer, der sehr gut brennt, aber dabei den für unsere Nasen nachteiligen Effekt hat, dass er nicht nur relativ stark qualmt, sondern beißend riecht.

Anschließend bietet der Priester einem Hindu die Lampe an. Dieser hält kurz beide Hände über die Flammen und berührt die Augen und das Gesicht. Dann übergibt der Priester diesem Gläubigen die Lampe, damit er sie allen Anwesenden anbieten kann. Das Feuer von brennendem weißem Kampfer, das einem Gott dargebracht wurde, gilt als geweiht. Dadurch, dass sich die Gläubigen von dem Feuer nehmen, erhalten sie etwas von dem Segen. Wer eine Brille trägt, sollte sie für diese Gelegenheit abnehmen. Später erhalten die Gläubigen vom Priester Vibhuti, Santhanam, Kunkumam, Puspam und Ditam. Vibhuti ist ein graues, parfümiertes Pulver, die Asche von verbranntem Kuhdung. Der Priester gibt einem aus einer Metallschale ein wenig Pulver in die geöffneten Hände, das heißt, in die rechte Hand, die über der linken Hand liegt. Die Gläubigen geben das Pulver von der rechten in die linke Hand und machen sich an der Stirn und am Hals je einen grauen Strich. Einen möglichen Rest verreiben sie in den Händen, streuen ihn aber niemals auf den Boden.

Santhanam ist Gelbwurzpulver, das mit Wasser angerührt ist. Man steckt einen Finger in den Behälter und macht sich damit einen gelben Punkt an die Stirn unter den Vibhutistrich. Santhanam, Kumkum und Puspam sind auf einem Metallplate, das für nichts anderes verwendet wird.

Kunkumam oder Kumkum ist ein rotes Pulver in einem Metallgefäß. Davon nimmt man eine Fingerspitze und macht mitten im gelben Punkt einen kleinen roten Punkt.

Puspam sind Blütenblätter von irgendwelchen Blumen. Man nimmt davon eines und steckt es über das rechte Ohr.

Ditam ist gesüßte Milch. Der Priester oder auch ein Helfer gibt den Gläubigen aus einem Metallbehälter mit einem kleinen, speziellen Löffelchen davon etwas in die Hand, wie zuvor Vibhuti. Die Milch wird direkt aus der Hand getrunken. Allein schon deshalb ist es sinnvoll, vor der Puja die Hände gewaschen zu haben.

Am Freitag und bei Festen, manchmal auch an anderen Tagen, wird den Gottheiten speziell zubereitetes Essen dargebracht.

Eine Frau oder ein Mann singen das Thirâvida Tôthiram, Hymnen in tamilischer Sprache, die inhaltlich unseren Psalmen ähnlich sind.[8]

Der Priester wiederholt das Ritual im Schrein vor und in allen Schreinen nach einem genauen Muster. Dabei achtet er darauf, dass er sich um die Hauptschreine nur im Uhrzeigersinn bewegt. Deshalb sind diese normalerweise freistehend im Raum angeordnet. Auch die Gläubigen gehen nur im Uhrzeigersinn um die Schreine. Während der Puja ist das einfach, weil alle dem Priester folgen.

Nach den einzelnen Ritualen für die verschiedenen Gottheiten wird meist gemeinsam Pothi, ein Lobgesang mit 108 Versen, gesungen. Das heißt, eine Frau oder ein Mann singt einen Vers, dann singen alle Gläubigen zusammen den gleichen Vers.

Manche Gläubige wollen für ein persönliches Anliegen einen Segen erhalten. Sie bringen dafür Gaben (arcanai) dar. Sie bezahlen an der Tempelkasse einen bestimmten Betrag, meist etwa fünf bis zehn Euro, und erhalten dafür ein Plate mit einer Kokosnuss, einer Banane, Räucherstäbchen und anderen Sachen. Sie bringen dieses Plate zu einem Hauptschrein. Die Kokosnuss wird von einem Helfer aufgeschlagen. Der Priester vollzieht ein kleines Ritual und gibt anschließend das Plate mit einer der Hälften der Kokosnuss und Teilen der anderen Gaben wieder zurück.

Wenn Essen geopfert wurde, erhalten alle Anwesenden als Abschluss des Gottesdienstes einen Teller. Darauf verteilen Helfer das Essen, das von den Gläubigen als Prasadam (Tamil: piracâtam, Opferspeise) gegessen wird. Deshalb darf nur von Hand gegessen werden.

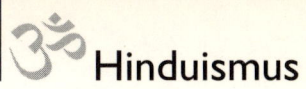

Wie sollen sich Besuchende verhalten?

Als Besucherinnen und Besucher wissen wir nicht, wie wir uns während der Puja verhalten sollen. Es gibt nur wenige Punkte, die wir unbedingt beachten müssen. Natürlich erfüllen wir zunächst die Regeln zum Betreten des Tempels.

Grundsätzlich müssen wir kein Ritual mitvollziehen. Es genügt, wenn wir aufstehen, wenn die Gläubigen stehen. Wenn der Priester mit dem Gefolge der Gemeinde die Schreine umschreitet, dürfen wir uns anschließen.

 Die Regel, dass ein Schrein niemals gegen den Uhrzeigersinn umschritten wird, sollten wir jedoch beachten.

Es wird uns niemand verübeln, wenn wir hinten im Tempel stehen bleiben und das Geschehen beobachten. Die Hände in die Hosentasche zu stecken, mag praktisch sein, aber es wirkt eher unfreundlich, deshalb tun wir dies nicht. Ebenso drehen wir uns nicht von der Puja ab, sodass wir mit dem Rücken zur jeweiligen Gottheit stehen. Das wirkt, als ob wir der Gottheit die kalte Schulter zeigen würden und kann Gläubige verletzen. Da der Priester immer wieder seinen Standort wechselt, um an den verschiedenen Schreinen die Rituale zu vollziehen, müssen wir also jeweils eine entsprechende Drehung machen, wenn wir nicht sowieso mit der Gemeinde mitgehen. Wenn Sie sich aber in dieser exotischen Umgebung zu fremd fühlen, können Sie sich hinten an der Wand einen Standort suchen, aber immer so, dass Sie mit dem Gesicht zu den Hauptschreinen stehen. Dort werden Sie zwar von den Ritualen weniger sehen können, aber Sie brauchen sich keine Gedanken zu machen, wie Sie jetzt gerade zu stehen haben.

 Während des Gottesdienstes sollten Sie nicht herumgehen.

Wenn der Priester oder einer seiner Helfer uns Feuer anbietet, dürfen wir davon nehmen, müssen dies aber nicht. Ebenso verhalten wir uns beim Vibhuti und den anderen Ingredienzen. Manchmal kommt es vor, dass ein Priester von sich aus einem Gast Vibhuti und Santhanam aufträgt. Fassen wir dies auf keinen Fall als Vereinnahmung auf, sondern freuen wir uns darüber, dass der Priester uns trotz unserer unterschiedlichen Religionen am Segen seiner Religion teilhaben lassen will.

Es gibt mehrere Teile des Gottesdienstes, bei dem die Gläubigen auf dem Boden sitzen. Auch hier gilt die Regelung, dass Frauen und Männer getrennt sitzen. Falls es Ihnen Mühe machen sollte, auf dem Boden zu sitzen, dürfen Sie auch stehen bleiben, dann aber hinter den Sitzenden. Strecken Sie niemals die Beine im Sitzen aus!

Wer das Bedürfnis hat – Hindu oder andersgläubig – einen persönlichen Segen zu erhalten, darf ein arcanai kaufen und dies zu einem Schrein bringen. Normalerweise liegt eine Nummer auf dem Plate, die man sich merken muss, damit man nach der Segnung das entsprechende Plate zurückerhält. Übrigens muss das leere Plate an der Tempelkasse zurückgegeben werden.

Obwohl eine Puja lange, für uns oft zu lange dauert, gibt es eine weitere Regel, die wir beachten sollten. Als Abschluss des Gottesdienstes wird die Opferspeise (Prasadam) an alle Anwesenden verteilt.

 Den Tempel zu verlassen, ohne Prasadam genommen zu haben, gilt als Sakrileg und sollte deshalb nur im Notfall getan werden.

So zum Beispiel, wenn man unbedingt einen Bahnanschluss erreichen muss oder wenn man wegen einer speziellen Diät nicht mitessen darf. Sollen wir eine Spende geben? Wir dürfen! Entweder können wir Geld in die beim Eingang oder im Tempel stehende Spendenbox einwerfen. Oder wir spenden das Geld an der Tempelkasse. Bitte betonen Sie dann, dass es eine Spende für den Tempel ist, damit nicht etwa der Eindruck entsteht, dass Sie für das Essen bezahlen möchten. Prasadam ist immer gratis.

Gruppenbesuche

Es gibt viele Gründe, mit einer Gruppe einen Tempel zu besuchen: Interesse, Neugier, Medienberichte, Schul- oder Religionsunterricht. Grundsätzlich sind die Tempel für alle Interessierten zugänglich. Gruppen sollten sich aber anmelden.

 Vor allem bei Schulklassen sollte dabei unbedingt auf angemessene Kleidung geachtet werden.

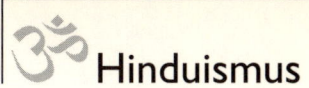

Ich habe schon viele Führungen im Hindutempel durchgeführt und vorwiegend positive Erfahrungen gemacht. Einzelne negative Punkte seien hier erwähnt und zur Vermeidung empfohlen. Manche Schüler zeigten ihren Abscheu vor den ungewohnt intensiven Gerüchen und verließen mit angewidertem Gesicht den Tempelraum. Verständlicherweise waren die Hindus sehr beleidigt. Und zum wiederholten Mal sei auf die lästigen Handys verwiesen. Mitten in einer Puja klingelten Handys, was nicht nur störte, sondern ein krasser Verstoß gegen jeden Anstand ist.

Feste im Lebens- und Jahreslauf

Kinder werden nach frühestens 31 Tagen für eine Segnung in den Tempel gebracht. Wenn das Kind das erste Mal feste Nahrung erhalten hat, bringen die Eltern das Kind auch in den Tempel, damit es vom Priester eine gesegnete Speise, diesmal dem Alter entsprechend süßen Brei und wiederum einen Segen erhält. Sarasvati ist die Göttin des Wissens, des Lernens und der Künste. In einer ihr geweihten Puja erhalten Kinder, bevor sie die Schule besuchen, einen Segen, damit sie gut lernen können. Wenn ein Mädchen ihre erste Menstruation hat, gilt es als Frau. Nach etwa 30 Tagen veranstalten die Eltern das Pubertätsfest. Das nächste große Fest ist die Hochzeitsfeier. Die letzte Feier im Leben eines Menschen ist die Bestattungsfeier.

Zusätzlich gibt es unzählige Feste im Jahreslauf für die verschiedenen Gottheiten. Manche Feste haben mit der Vegetation zu tun, andere nehmen Geschichten aus der Mystik auf. So zum Beispiel Suranpor, an dem Hindumänner im Spiel nachvollziehen, wie der Gott Murugan den Tyrannen Suran besiegte.

An besonderen Tagen umkreisen die Hindus mit der jeweiligen Hauptgottheit oder in Ausnahmefällen mit den Hauptgottheiten das Viertel, in dem sich der Tempel befindet. Damit beten sie um den Segen für den Tempel und alle Menschen, die sich in diesem Bereich befinden.

Alle Feste haben gemeinsam, dass sie farbig und für unsere Begriffe oft sehr laut sind und sehr lange dauern. Für die Lautstärke gibt es eine interessante Erklärung. Hierdurch sollen mögliche böse Äußerungen übertönt werden, damit andere diese nicht anzuhören brauchen.

Besondere Feiern im Lebenslauf

Pubertätsfest

Wenn ein Mädchen zum ersten Mal ihre Menstruation bekommt, gilt es als Frau. Nach etwa 30 Tagen veranstalten die Eltern das Pubertätsfest in einem für diesen Zweck gemieteten Saal. Die »normale« Menstruation gilt als unrein, die erste Menstruation hingegen als sehr unrein, zugleich aber auch als Glück verheißend. Das mehrere Stunden dauernde Fest umfasst Reinigungs- und Weihezeremonien, Fototermine und selbstverständlich auch Essen für alle.

In Sri Lanka nehmen Mädchen vor ihrem eigenen Pubertätsfest und kleine Jungen nicht am Pubertätsfest teil. In unserem Kulturkreis hingegen besuchen alle, unabhängig von Alter, Religion und Nationalität das Fest.

Nach Arati, der religiösen Zeremonie, erhält das Mädchen Geschenke. Als Gäste können auch wir etwas mitbringen. Der Einfachheit halber schenken die meisten Geld. Selbstverständlich dürfen wir auch anderes schenken, zum Beispiel ein Buch, eine CD oder einen Gutschein. Bedenken wir bei der Auswahl des Geschenks, dass es für ein junges Mädchen wie viele andere auch ist, obwohl sie uns an diesem speziellen Tag eher wie eine Prinzessin erscheint. Das Mädchen trägt nämlich zum ersten Mal einen Sari und ist mit reichlich Goldschmuck versehen.

Tamilische Frauen nehmen während ihrer Menstruation nicht am Fest teil. Für uns Gäste bestehen keine Einschränkungen.

Hochzeit

Die tamilisch-hinduistischen Hochzeitsfeste finden nicht unbedingt in einem Tempel statt, sondern meist in einem für diesen Zweck gemieteten Saal. Für das religiöse Ritual wird kein Tempel benötigt. Der Priester bringt alle benötigten Utensilien mit und richtet, zum Beispiel auf einer Bühne, einen speziellen Altar ein.

In einigen Tempeln gibt es neben dem eigentlichen Tempelraum einen Hochzeitssaal. Ein Tempel hat den Nachteil, dass alle Besuchenden die Reinheitsvorschriften unbedingt einhalten müssen. In einem gewöhnlichen Saal wird dies hingegen nicht so streng gesehen. So können wir beobachten, dass Raucher für eine Rauchpause den Saal verlassen.

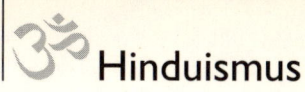

 Dass im Saal nicht geraucht werden darf, ist selbstverständlich.

Wer geht zur Hochzeitsfeier? Möglichst alle Verwandten und Bekannten. Es gibt keine Sitzordnung für geladene Gäste, sondern alle setzen sich auf die Bänke oder Stühle an den Tischen. Wenn auch noch zwanzig Gäste mehr kommen, spielt das keine Rolle.
So durfte ich mich schon mehrmals bei einem Tempelbesuch mit der ganzen Gruppe im Hochzeitssaal nebenan dazusetzen und auch mitessen.

 Wenn wir eingeladen sind, dürfen wir auf jeden Fall zur Feier gehen. Das Hochzeitspaar und ihre Familien werden sich freuen.

 Die Frage der Pünktlichkeit wird bei solchen Festen nicht so genau genommen.

So kann es durchaus passieren, dass wir pünktlich zur angegebenen Zeit erscheinen und erst noch den Aufbau des Festes erleben. Meistens treffen die tamilischen Gäste erst nach und nach ein. Das Hochzeitspaar kommt oft erst viel später.
Dass ein Film- und Fototeam mit Video- und Fotokamera immer mittendrin dabei ist und uns oft die Sicht auf das Geschehen verdeckt, ist auch sehr gewöhnungsbedürftig.
Getränke und Knabbersachen stehen zur Selbstbedienung auf den Tischen. Nach langen Zeremonien gibt es etwas zu essen.
Gerne bringen wir dem Paar ein Geschenk mit. Ein Geldgeschenk mit einer Glückwunschkarte wird gerne akzeptiert. Wir dürfen aber auch etwas anderes schenken! Ein Wunschbuch oder eine Wunschliste ist noch unbekannt, aber wir dürfen auch nach Wünschen fragen, was Hindus selbst nicht tun.
Heute wird meistens nach dem eigentlichen Trauakt ein spezieller Fototermin abgehalten. Dann stehen alle in der Schlange und warten, bis sie an der Reihe sind. Sie geben dem Brautpaar ihren Umschlag mit dem Geldgeschenk und lassen sich gemeinsam fotografieren.
Hindufrauen bleiben während ihrer Menstruation zu Hause. Für uns Gäste bestehen keine Einschränkungen. Witwen gehen bei der Trauzeremonie nicht nach vorne, um Glückwünsche zu überbringen und ein kinderloses Paar darf nicht als Trauzeugen mitwirken.

Tod und Bestattung

Obwohl Hindus an die Wiedergeburt glauben, trauern sie genau wie
alle anderen Menschen, wenn liebe Angehörige sterben. Uns mag es
erstaunen, dass die Verwandten laut weinen.
Außer Kindern gehen alle, die eine Beziehung zum Verstorbenen oder
seiner Familie hatten, zur Bestattungsfeier. Erwachsene Verstorbene
werden eingeäschert. Die Bestattungsfeier findet entweder direkt auf
dem Friedhof oder in einer Kirche statt.

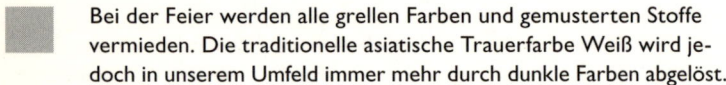 Bei der Feier werden alle grellen Farben und gemusterten Stoffe
vermieden. Die traditionelle asiatische Trauerfarbe Weiß wird je-
doch in unserem Umfeld immer mehr durch dunkle Farben abgelöst.

Wie teilen wir als Außenstehende unser Beileid mit? Vergessen wir
alle kulturellen und religiösen Unterschiede und betrachten die Hinterbliebenen als das, was sie sind, nämlich Menschen, die trauern.
Ob wir nur einen stillen Händedruck geben oder mit Worten unserem Mitfühlen Ausdruck verleihen, ist nicht wichtig. Eine Botschaft
von Herz zu Herz kommt immer an!

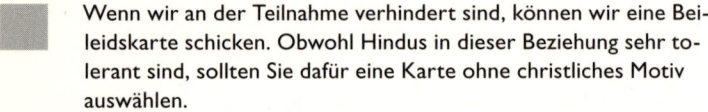 Wenn wir an der Teilnahme verhindert sind, können wir eine Bei-
leidskarte schicken. Obwohl Hindus in dieser Beziehung sehr to-
lerant sind, sollten Sie dafür eine Karte ohne christliches Motiv
auswählen.

Hindus verbrennen ihre Toten. In Indien und in Sri Lanka geschieht
dies draußen. Die Leiche wird auf einen Scheiterhaufen gelegt, der
vom ältesten Sohn angezündet wird. Da dies bei uns nicht möglich
ist, halten die Hindus, wenn immer möglich, im Krematorium eine
kleine Feier. Der älteste Sohn drückt den Knopf, der den Sarg in den
Verbrennungsofen einfahren lässt.[9] Hindus haben keine Friedhöfe.
Die Asche der Verstorbenen wird in einen Fluss oder direkt ins Meer
gestreut.

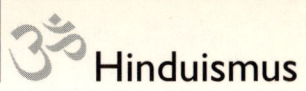

Zum Abschluss

Hoffentlich schwirrt Ihnen nach dem Lesen dieser vielen Details nicht der Kopf, sodass Sie sich vor lauter Befangenheit nicht mehr zu Begegnungen mit Hindus wagen. Abgesehen davon, dass diese Zeilen immer auch als zeitbedingt zu betrachten sind, ist es wichtiger, von Mensch zu Mensch aufzutreten, als alle Vorschriften zu beachten. Hindus sind zuerst einmal Menschen wie alle anderen um uns herum auch.

Anmerkungen

[1] Baumann / Luchesi / Wilke: S. 13.

[2] Baumann / Luchesi / Wilke: S. 447 ff.

[3] Wilke, in: Baumann / Luchesi / Wilke: S. 125.

[4] Baumann, Ch. P. (1994): S. 56.

[5] Paul Hacker bezeichnet diesen Vorgang als Inklusivismus. Hacker, in: Inklusivismus. Eine indische Denkform. Herausgegeben von Gerhard Oberhammer. Wien 1983. Besonders S.12.

[6] Tirukkural: Vers 140, S. 69.

[7] Tirukkural: Vers 141+142, S. 71.

[8] Baumann, Ch. P. (1994): S. 54 f.

[9] Freundliche Mitteilung von Rita Wirz, Friedhofsverwaltung, Friedhof am Hörnli in Riehen (Schweiz).

Danksagung

Um einen solchen Knigge zu schreiben, bedarf es vieler Menschen, die einem helfend und beratend zur Seite stehen. Ihnen allen möchte ich meinen Dank aussprechen.

Für das Christentum:

- *Viktor Berger, ev.-ref. Pfarrer*
- *Hans Corrodi, Leiter der Basler Stadtmission i.R.*
- *Rudolf Hofer, römisch-katholischer Pfarrer*
- *Reinhard Möller, evangelischer Pfarrer*
- *Christine Rentsch, ev.-ref. Pfarrerin*
- *Gisela Schmitthenner, Medienverleihstelle der ev.-ref. Kirchen Basel-Stadt und Basel-Landschaft*
- *Heidrun Werder, ev.-ref. Pfarrerin*
- *Max Wolber, Katechet i.R.*
- *Sr. Helene, römisch-katholische Kirche Heiliggeist*

Für das Judentum:

- *Salomon Goldschmidt*
- *Ruth Jakubowitsch*
- *Frimette Silbiger*

Für den Islam:

- *Kemal Gürbuga*
- *Nuriye Tasoglu*

Für den Buddhismus:

- *Rita Lämmli*
- *Cornelia Ferrazzini Tsamdha und Tsamdha Tsering Topgyal*
- *Niklaus Krattiger*

Für den Hinduismus:

- *Isa Moorthy*
- *Murugathas und Rakinidevi Ratnam*
- *Jegatheesan und Vasanthini Sivagnanam*
- *Ketheswaran Somasundaram Kurukkal (Priester)*

Literaturverzeichnis

Allgemeines zum Thema »Knigge«

a) Literatur

- Adolph Freiherr Knigge: Über den Umgang mit Menschen. Herausgegeben von Karl-Heinz Göttert. Stuttgart 2002.
- Inge Wolff: Umgangsformen heute. 1. Aufl. München 2003.
- Asfa-Wossen Asserate: Manieren. Frankfurt am Main 2003.

b) Internet

- **http://www.payer.de/kommkulturen/kultur105.htm**
  Margarete Payer: Internationale Kommunikationskulturen. 10. Kulturelle Faktoren: Kleidung und Anstand. 5. Teil V: Anstand.
- **http://knigge.md-d.org/de.alt.soc.knigge** ist die internationale deutschsprachige Newsgruppe zum Thema ›Höflichkeit und gutes Benehmen im wirklichen Leben‹. Die Gruppe ist unmoderiert.
- **http://www.benehmensberatung.de**
  Benehmensberatung Marlies Smits
  (Interessante Tipps, aber leider ohne das Thema Religion).

Zu den Weltreligionen

a) Literatur

- Bertelsmann Handbuch »Religionen der Welt«. Grundlagen, Entwicklung und Bedeutung in der Gegenwart. Herausgegeben von Monika und Udo Tworuschka. Sonderausgabe. München 1996.
- Christoph Peter Baumann (Hrsg): Religionen in Basel-Stadt und Basel-Landschaft. Autor und Autorin: Christoph Peter Baumann/ Tanja Duncker. 1. Aufl. Basel 2000.
- Georg Schmid und Georg Otto Schmid (Hrsg.): Kirchen, Sekten, Religionen. Religiöse Gemeinschaften, weltanschauliche Gruppierungen und Psycho-Organisationen im deutschen Sprachraum. Ein Handbuch. Begründet von Oswald Eggenberger.

Siebte, überarbeitete und ergänzte Aufl. Zürich 2003.

- Georg Schwikart: Tod und Trauer in den Weltreligionen. Gütersloh 1999.
- Schülerduden. Die Religionen. Ein Lexikon aller Religionen der Welt. Herausgegeben von der Redaktion für Religion und Theologie des Bibliographischen Institutes unter der Leitung von Gerhard Kwiatkowski. Bearbeitet von Günter Lanczkowski. Mannheim, Wien, Zürich 1980.
- Religionen feiern. Feste und Feiertage religiöser Gemeinschaften in Deutschland. Herausgegeben vom Religionswissenschaftlichen Medien- und Informationsdienst e.V. REMID. Koordination und Redaktion: Steffen Rink und Martin Baumann. Marburg 1997.

b) Internet

- **http://www.religion-online.info/**
  Aktuelle Informationen über Religionen in Deutschland.
- **http://www.relinfo.ch**
  Onlinelexikon über Religionen im deutschsprachigen Raum.
- **http://www.inforel.ch**
  Aktuelle Informationen über Religionsgemeinschaften in der Nordwestschweiz.
- **http://de.wikipedia.org/wiki/**
  Wikipedia. Die freie Enzyklopädie.

Christentum

a) Literatur

- Bibel: Die meisten Zitate sind aus der »Zürcher Bibel«, außer wenn sie innerhalb eines Zitates aus einer anderen Quelle übernommen wurden.
- Die Manieren und der Protestantismus. Annäherungen an ein weithin vergessenes Thema. Nr. 79 in der Reihe EKD-Texte. Herausgegeben vom Kirchenamt der EKD, Hannover 2004.
- Katechismus der Katholischen Kirche. Neuübersetzung aufgrund der Edition Typica Latina. München 2003.
- Der Heidelberger Katechismus. Herausgegeben von der evangelisch-reformierten Kirche (Synode ev.-ref. Kirchen in Bayern und

Nordwestdeutschland) Rev. Ausg., 2. Aufl. Neukirchen-Vluyn 2001.
- Der Heidelberger Katechismus. Zürich 1967.
- Christkatholischer Katechismus. Allschwil 1972.
- Andreas Rössler: Kleine Kirchenkunde. Ein Wegweiser durch die christlichen Konfessionen und Sondergemeinschaften. Stuttgart 1997.

b) Internet

- **http://www.stjosef.at/index.htm?morallexikon/index. htm~mainFrame**
  Lexikon der christlichen Moral. Herausgegeben von Karl Hörmann. Innsbruck-Wien-München 1976.
  Die elektronische Erfassung der Texte von Univ.-Prof. Dr. Karl Hörmann wurde bereits 1991-1994 durchgeführt (mit Erlaubnis des Autors auf Vorschlag von Prof. Dr. Andreas Laun OSFS, jetzt Weihbischof von Salzburg). Es wurden jene Artikel und Artikelteile des Lexikons von 1976 (= LChM 1976) aufgenommen, die von Karl Hörmann selbst verfasst wurden. Vom Hörmann-Lexikon 1969 (= LChM 1969) wurden zusätzlich jene Artikel erfasst, die nicht mehr in LChM 1976 enthalten sind. Die Texte werden hiermit für das World Wide Web zugänglich gemacht. Verwendung nur zum wissenschaftlichen Gebrauch und nicht für kommerzielle Zwecke. Irrtum vorbehalten! Verantwortlich: Dr. theol. Josef Spindelböck.

Judentum

- Pentateuch. Mit deutscher Übersetzung von J. Wohlgemuth, J. Bleichrode und Haftrot. Übersetzt von L. H. Löwenstein und S. Bamberger. Basel 1969 (Die Zitate entstammen dieser Ausgabe, außer wenn sie in einem anderen Zitat enthalten sind).
- Paul Spiegel: Was ist koscher? Jüdischer Glaube – jüdisches Leben. 3. Aufl. München 2003.
- Rabbiner Chajim Halevy Donin: Jüdisches Leben. Eine Einführung zum jüdischen Wandel in der modernen Welt. Zürich 1987 / 5747.

* Israel M. Lau: Wie Juden leben. Glaube – Alltag – Feste.
  Aufgezeichnet und redigiert von Schaud Meislich. Aus dem
  Hebräischen übertragen von Miriam Magall. 3. Aufl. Gütersloh
  1997.

Islam

a) Literatur

* Adel Theodor Khoury: Der Koran. Übersetzung von Adel
  Theodor Khoury. Unter Mitwirkung von Muhammad
  Salim Abdullah. Mit einem Geleitwort von Inamullah Khan,
  Generalsekretär des Islamischen Weltkongresses. Gütersloh 1987.
* Muhammad Hamidullah: Der Islam. Geschichte, Religion,
  Kultur. Genf 1968.
* Christoph Peter Baumann / Christian J. Jäggi: Muslime unter
  uns. Islam in der Schweiz. Mit einem Vorwort von Hans Küng.
  Luzern/ Stuttgart 1991.
* Ahmad von Denffer: Islam-Knigge. Ratschläge zum Umgang
  mit Muslimen in Deutschland. Schriftenreihe des Islamischen
  Zentrums München, Nr. 33. München 2003.
* Ahmad von Denffer, Abu Bakr Dschabir al-Dschaza'iri, Harith
  al-Muhasibi, Khurram Murad: Über islamisches Verhalten.
  Schriftenreihe des Islamischen Zentrums München, Nr. 36.
  München 2003.
* al-Qaradawi: Erlaubtes und Verbotenes im Islam. München
  1989.
* Thomas Lemmen: Islamische Organisationen in Deutschland.
  Friedrich-Ebert-Stiftung. Abteilung Arbeit und Sozialpolitik.
  Bonn 2000.
* Thomas Lemmen / Melanie Miehl: Islamisches Alltagsleben in
  Deutschland. Friedrich-Ebert-Stiftung. Abteilung Arbeit und
  Sozialpolitik. Bonn 2001.
* Sayyid Abul A'la Maududi: Islamische Lebensweise.
  Schriftenreihe des Islamischen Zentrums München, Nr. 17.
  München 1416 / 1996.
* Muhammad Rassoul: As-Salâh. Das Gebet im Islam. Köln 1986.
* H. Achmed Schmiede: Islam lernen – Islam leben. Gestaltet nach:
  Ahmet Hamdi Akseki »Yavrularimiza Din Dersleri«. Ankara 1989.

- Mehmet Soymen: Kleiner Islamischer Katechismus. Ankara 1982.
- Sigrid Weiner: Maschallah. Islam und Alltag in der Türkei. Donauwörth 1985.
- Andreas Renz / Stephan Leimgruber: Christen und Muslime. Was sie verbindet – was sie unterscheidet. München 2004.

b) Internet

- **http://www.islam.de/?site=forum/faq**
  Muslime beantworten in zwölf Kategorien Fragen zum Islam und zum Leben als Muslim und Muslimin engagiert, aber auch kritisch. Viele Fragen zu unserem Thema werden berücksichtigt.
- **http://hadith.al-islam.com/Bayan/Ger/**
  Hadith-Encyclopädie (Aussprüche und Taten Mohammeds).
- **http://www.al-islam.de/**
  Islamischer Unterricht per Newsletter.

Aleviten

a) Literatur

- Gülçiçek Ali Duran: Der Weg der Aleviten (Bektaschiten). Menschenliebe, Toleranz, Frieden und Freundschaft. Köln 1994.
- Das Alevitentum. Eine Handreichung über die religiösen und kulturellen Grundlagen der Aleviten aus der Türkei. Herausgegeben von: Föderation der Aleviten Gemeinden in Europa e.V. / Avrupa Alevi Birlikleri Federasyonu. AABF Köln 1997.
- Christoph Peter Baumann (Hrsg): Aleviten. Der andere Islam. 3. leicht verbesserte Aufl. Basel 2000 (vergriffen, Neuauflage in Vorbereitung).

b) Internet

- **http://www.uni-duisburg.de/JUSO/EMRE/alevismu/canlard. htm**
  Linkliste zum Alevismus.

Buddhismus

- Christoph Peter Baumann: Buddhismus. Farbfolien und Erläuterungen. Eine Einführung in Religionsgeschichte, Kultur und Brauchtum. Regensburg 1999.
- Martin Baumann: Migration – Religion – Integration: Buddhistische Vietnamesen und hinduistische Tamilen in Deutschland. Marburg 2000.
- Martin Baumann: Deutsche Buddhisten. Geschichte und Gemeinschaften. Marburg 1993.
- Georg Schwikart (Hrsg.): Was ist der Sinn meines Lebens? Antworten aus den Religionen der Welt. Gütersloh 2002.
- Religionen feiern. Feste und Feiertage religiöser Gemeinschaften in Deutschland. Herausgegeben vom Religionswissenschaftlichen Medien- und Informationsdienst e.V. REMID. Koordination und Redaktion: Steffen Rink und Martin Baumann. Marburg 1997 (Kapitel Buddhismus: Martin Baumann).

Hinduismus

a) Literatur

- Christoph Peter Baumann: Begegnung mit dem Hinduismus. Am Beispiel der Tamilen. Hamburg 1994.
- Christoph Peter Baumann / Christian Hackbarth-Johnson: Hinduismus. Farbfolien und Erläuterungen. Eine Einführung in Religionsgeschichte, Kultur und Brauchtum. Regensburg 1999.
- Christoh Peter Baumann: Tamilische Hindus und Tempel in der Schweiz. Überblick und exemplarische Vertiefung anhand der Geschichte des Vinayakar-Tempels in Basel. In: Martin Baumann / Brigitte Luchesi / Annette Wilke (Hrsg.): Tempel und Tamilen in zweiter Heimat. Hindus aus Sri Lanka im deutschsprachigen und skandinavischen Raum. Würzburg 2003.
- Martin Baumann: Migration – Religion – Integration: Buddhistische Vietnamesen und hinduistische Tamilen in Deutschland. Marburg 2000.
- Tirukkural. Ins Deutsche übertragen von Uwe Beissert.

Herausgeber: Projekt Ohm (AUM) Basel 1990 (zweisprachig deutsch-tamil).

b) Internet

- http://www.starwon.com.au/~soham/lexikon.html
  Sanskrit Lexikon.

Stichwortverzeichnis

A

Abendmahl 65, 66, 68-69
Ahmadiyya 110
Allah 107
Altes Testament 40
Altkatholische Kirche 38
Autokephalie 38

B

Bar Mitzwah 99
Bat Mitzwah 99
Bergpredigt 48
Beschneidung
  Im Islam 126-127
  Im Judentum 84
Bestattung *Siehe* Tod und Trauer
Bhagavad Gita 153
Bibel 40
Brit Mila 84
Buddha 132
Buddhismus
  Der Glaube 132
  Gaben bringen 137, 150-151
  Vajrayana-Buddhismus 134
  Werte und Normen 135-138
  Zen-Buddhismus 132, 135

C

Chanting 146
Chorraum 60
Christentum
  Der Glaube 36-37
  Kirchen und Gemeinschaften 37-40
  Werte und Normen 40-48
Christkatholische Kirche 38
Chuba 142

D

Dalai Lama 134
Dana *Siehe* Gaben bringen (Buddhismus)
Dhamma 132, 137
Ditam 168

E

EKD *Siehe* Evanglische Kirche in Deutschland
Erstkommunion 71-72
Erwachsenentaufe 39, 69
Eucharistie 65
Europäische Menschenrechtskonvention 18
Evangelikale Gemeinde 39
Evangelisch-lutherische Kirche 38
Evangelisch-reformierte Kirche 38
Evangelische Allianz 39
Evangelische Kirche Augsburger Bekenntnisses (A.B.) 38
Evangelische Kirche Helvetischen Bekenntnisses (H.B.) 38
Evangelische Kirche in Deutschland (EKD) 38-78

F

Firmung 71-72
Fotografieren
  Allgemeines 28
Frau und Mann *Siehe* Mann und Frau
Freikirchen 39

G

Gast und Gastgeber
  Allgemeines 19-21 *Siehe auch* Zu Besuch

H

Hadith 108
Halacha 79, 83
Halal *Siehe* Rein und unrein (Islam)
Haram *Siehe* Rein und unrein (Islam)
Hinduismus
  Der Glaube 153
  Tamilischer Hinduismus 154-155

   Tamilische Migration 153-154
   Werte und Normen 155-159
Hochzeit
   Im Buddhismus 148
   Im Christentum 73
   Im Hinduismus 172-173
   Im Islam 127-128
   Im Judentum 99-100

I

Imam 122
Interkommunion 50, 69
Islam
   Der Glaube 106
   Islamische Gemeinschaften 109-111
   Werte und Normen 112-116

J

Judentum
   Der Glaube 79-80
   Israel 83-84
   Jüdische Gemeinden 80-82
   Werte und Normen 82-88

K

Kaddisch 101
Kaschrut *Siehe* Rein und unrein (Judentum)
Kaste 156
Kleidung
   Allgemeines 25
   Buddhismus 142-143
   Christentum 54-55
   Hinduismus 162
   Islam 120, 123
   Judentum 90-91
Klerus 43
Knigge, Adolph Freiherr 12
Konfirmation 72
Konzil 43

Koptisch-orthodoxe Kirche 39
Koran 107, 112-113
Koscher *Siehe* Speisegebote (Judentum)
Kremation
  Christentum 74
  Judentum 100
Kruzifix 43
Kumkum *Siehe* Kunkumam
Kunkumam 168

M

Mann und Frau
  Allgemeines 22-23
  Im Buddhismus 141-142
  Im Christentum 53
  Im Hinduismus 161-162
  Im Islam 119-120
Mekka 126
Mescid 109, 122
Mikweh 87-88
Mitzwot 82-83
Monotheismus 42
Moschee 109-108, 122

N

Neues Testament 40
Nirwana 132

O

Ökumene 50
Orthodoxe Kirche 38

P

Pagode 144
Papst 37
Patriarch 38
Pfingstbewegung 39
Polygamie 128
Polytheismus 153

Puja 154
Puspam 168

R
Ramadan 125-126
Reformatorische Kirche 38
Rein und unrein
  Hinduismus 157-158
  Islam 113-115
  Judentum 86-88
Römisch-katholische Kirche 37

S
Sabbat 84-85, 97-98
Sakristei 60
Sangha 132, 137
Santhanam 167
Sarong 142
Schiva 154
Sidur 96
Sigristen 14
Speisegebote
  Christentum 56
  Islam 114-115
  Judentum 86-87
Sunna 108
Synagoge 94-95

T
Tabernakel 60
Taufe 70-71
Tefillin 95
Tirukkural 153, 159
Tod und Trauer
  Allgemeines 34-35
  Im Buddhismus 149-150
  Im Christentum 73-75
  Im Hinduismus 174
  Im Islam 129-130

Im Judentum 100-102
Tora 79, 94
Trauer *Siehe* Tod und Trauer

V
Vibhuti 167

W
Wat 134

Z
Zehn Gebote
  Im Christentum 41-48
  Im Judentum 82-83
Zen-Buddhismus *Siehe* Buddhismus
Zu Besuch
  Buddhismus
    Im Tempel 145-146
    In einer Familie 143-144

  Christentum
    Im Gottesdienst 62-64
    In der Kirche 58-61
    In einer Familie 56

  Hinduismus
    Im Tempel 164-166
    In der Puja 166-168
    In einer Familie 163

  Islam
    In der Moschee 122-125
    In einer Familie 121

  Judentum
    Im Gottesdienst 96-98
    In der Synagoge 95-96
    In einer Familie 92-93